# Um apelo à consciência

Martin Luther King

# Um apelo à consciência

## *Os melhores discursos de Martin Luther King*

*Selecionado e organizado por:*
Clayborne Carson e Kris Shepard

*Tradução:*
Sérgio Lopes

*Apresentação à edição brasileira e notas:*
Arthur Ituassu

ZAHAR

Tradução autorizada da primeira edição norte-americana,
publicada em 2001 por Warner Books, Inc., de Nova York, EUA

Sermões usados com permissão de Intellectual Properties Management,
Atlanta, Georgia, gestor exclusivo do espólio de Martin Luther King, Jr.
Informações de copyright continuam na página 181

*Grafia atualizada segundo o Acordo Ortográfico da Língua Portuguesa de 1990,
que entrou em vigor no Brasil em 2009.*

*Título original*
A Call to Conscience: The Landmark Speeches of Dr. Martin Luther King, Jr.

*Capa*
Sérgio Campante

*Ilustração da capa*
© Flip Schulke/CORBIS

*Preparação de originais*
Janaína Fidelis

*Revisão tipográfica*
Eduardo Faria
Eduardo Monteiro

CIP-Brasil. Catalogação na fonte
Sindicato Nacional dos Editores de Livros, RJ

---

King, Martin Luther, 1929-1968
L64e Um apelo à consciência: os melhores discursos de Martin Luther King/Martin Luther King; selecionado e organizado por Clayborne Carson e Kris Shepard; tradução de Sérgio Lopes; apresentação da edição brasileira e notas de Arthur Ituassu. — 1ª ed. — Rio de Janeiro: Zahar, 2006.

Tradução de: A Call to Conscience: The Landmark Speeches of Dr. Martin Luther King, Jr.
Apêndice
ISBN 978-85-7110-898-1

1. Negros — Direitos fundamentais — Discursos, conferências etc. 2. Movimentos pelos direitos humanos — Estados Unidos — História — Século XX. 3. Não violência — Discursos, conferências etc. 4. Estados Unidos — Relações raciais. I. Carson, Clayborne, 1944-. II. Shepard, Kris. III. Título.

CDD: 323
05-3917 CDU: 323.1

---


EDITORA SCHWARCZ S.A.
Praça Floriano, 19, sala 3001 — Cinelândia
20031-050 — Rio de Janeiro — RJ
Telefone: (21) 3993-7510
www.companhiadasletras.com.br
www.blogdacompanhia.com.br
facebook.com/editorazahar
instagram.com/editorazahar
twitter.com/editorazahar

# Sumário

# Apresentação à edição brasileira

Em 1955, Emmett Till era um jovem negro de 14 anos que morava em Chicago, cidade no norte do estado do Illinois, às margens do lago Michigan, na região dos Grandes Lagos. Chicago não era, por assim dizer, um exemplo de integração racial, mas a situação por lá era bem menos tensa do que no Sul, em especial quando comparada àquela nos estados da Carolina do Norte, Carolina do Sul, Geórgia, Alabama, Tennessee e Mississippi.

Pois foi para o Mississippi que Emmett viajou no verão de 1955. Sua mãe o enviou para visitar o tio Moses Wright, que morava na pequena cidade de Money. Emmett chegava a um local onde mais de 500 casos de linchamentos de negros haviam sido documentados desde 1882 e onde assassinatos por motivos raciais não eram raros. Ao mesmo tempo, o clima no Sul não estaria nada bom naquele verão, em especial depois da decisão da Suprema Corte norte-americana, em 1954, dando ganho de causa à proibição da segregação racial nas escolas do país.

Emmett chegou a Money em 21 de agosto daquele ano e logo se enturmou com os jovens catadores de algodão da comunidade negra local. Três dias depois, estava com eles em uma mercearia. A partir deste ponto, há várias versões sobre o que aconteceu.

Um relato conta que Emmett tinha sempre no bolso a foto de uma amiga branca de Chicago, que gostava de exibir aos jovens locais como sua namorada. Um deles então o teria desafiado a falar, na mercearia, com a jovem branca Carolyn Bryant, mulher de Roy Bryant, dono do estabelecimento. Carolyn estava sempre na loja e os negros da região sabiam disso. Segundo consta, Emmett teria ido até a mercearia, comprado uma bala e se despedido de Carolyn com um "bye, baby".

Outra história diz que Emmett teria assoviado para Carolyn. Ela mais tarde contou que ele, na verdade, a agarrara e convidara para um encontro, enquanto Roy estava fora da cidade, viajando.

A história chegou a ser narrada por um jornal local e quando o marido branco de Carolyn voltou para casa, três dias depois, toda a cidade sabia do "incidente".

Roy, de 29 anos, então decidiu chamar seu meio-irmão J.W. Milam, de 40 anos, para ensinar a Emmett, que ainda sofria os resquícios de uma paralisia infantil, "uma lição". Eles se encontraram às duas horas da manhã de domingo, 28 de agosto de 1955. Meia hora depois, já estavam com o jovem negro no carro.

Emmett foi levado até uma plantação inóspita no condado de Sunflower, vizinho a Money. Foi primeiro surrado até que teve um olho arrancado, depois levou um tiro de uma pistola 45 e, em seguida, teve o seu pescoço amarrado com arame farpado a um peso de mais de dois quilos, para que afundasse quando fosse jogado ao rio Tallahatchie. Quando o corpo foi encontrado, só pôde ser reconhecido pela família por causa de um anel que usava.

Mais tarde, naquele mesmo ano, em 5 de dezembro de 1955, Martin Luther King fora escolhido para presidir a Montgomery Improvement Association (MIA – Associação pelo Progresso de Montgomery), uma pequena semente do movimento por direitos civis que varreria os Estados Unidos e teria Luther King como a principal liderança até o seu assassinato em Memphis, em 1968. "O 5 de dezembro de 1955 foi um dos dias mais memoráveis e inspiradores da minha vida", conta Rosa Louise Parks, na introdução ao primeiro discurso de Luther King como presidente da MIA – onde começa este livro.

Quatro dias antes, em 1º de dezembro, Rosa Louise Parks fora presa em Montgomery, Alabama, por se recusar a ceder o lugar num ônibus municipal a um homem branco. Os líderes da comunidade negra local a procuraram e sugeriram uma ação civil com o objetivo de pôr fim à segregação nos ônibus da cidade.

Rosa aceitou o desafio, e a MIA foi criada para liderar um boicote dos negros ao transporte público. Tinha assim início a primeira ação de não violência liderada por Martin Luther King.

"Chega a hora em que as pessoas se cansam de ser pisoteadas pelo pé de ferro da opressão. Chega a hora, meus amigos, em que as pessoas se cansam de ser lançadas no abismo da humilhação, onde vivenciam a desolação de um pungente desespero. Chega a hora em que as pessoas se cansam de ser alijadas do brilhante e vívido sol de julho e abandonadas ao frio cortante de um novembro alpino", afirmou Luther King, na ocasião, incitando à revolta, mas nunca à violência.

"Nenhuma cruz arderá em chamas nas paradas de ônibus de Montgomery. Nenhum branco será arrancado de sua casa, levado ao longo de uma estrada distante e linchado por não cooperar. Nenhum de nós se erguerá para desafiar a Constituição de nossa nação. Somente nos reunimos aqui movidos pelo desejo de que o direito prevaleça."

Os discursos e as ações lideradas por Luther King ganharam notoriedade rapidamente. Já na campanha de 1960 para a Presidência dos Estados Unidos, John F. Kennedy comprou a bandeira do movimento por direitos civis depois de tirar Luther King de uma cadeia na Geórgia. Kennedy delegou ao seu irmão Robert, secretário de Justiça, a missão de dar continuidade aos esforços da administração Eisenhower para expandir, entre os negros do Sul, o registro que dá direito ao voto.

Para fazer isso, Washington começou a trabalhar com as organizações que lutavam pelos direitos civis na região. Em dois anos, John F. Kennedy multiplicou por cinco o número de negros registrados no *Deep South*. No entanto, isso não significa que tudo corria bem. Washington não conseguiu dar a proteção do FBI aos ativistas, que arriscavam a vida e muitas vezes acabavam no fundo dos rios, como os três do filme *Mississippi em chamas*, do diretor Alan Parker.

O presidente Kennedy fazia política. Nomeou vários negros para cargos altos do governo, mas também um juiz para o Supremo Tribunal que vinha do Mississippi e tinha no currículo o uso do termo *niggers* em corte, além de uma ocasião em que comparou a população negra a um "bando de chimpanzés".

Para pressionar Washington, o movimento por direitos civis lançou uma Jornada pela Liberdade (*Freedom Ride*), no intuito de chamar atenção para uma decisão do Supremo norte-americano contra a segregação nos ônibus e nas estações de trem interestaduais. Houve reação e violência da parte dos opositores brancos. Robert Kennedy tentava controlar a situação com os agentes do FBI enquanto seu irmão John estava envolvido com a Guerra Fria e a crise de Berlim.

Na primavera de 1963, Luther King deu início a uma série de manifestações em Birmingham, no Alabama, uma das cidades mais segregacionistas do Sul. Marchas e protestos em prol da integração racial nos prédios públicos e de mais empregos para a população negra da cidade foram respondidos com violência pela polícia comandada pelo comissário Eugene "Bull" Connor. Muitos foram presos, inclusive o próprio Luther King. Quando vários clérigos escreveram a ele, apelando para que negociasse, a resposta, da cadeia, foi segura:

"Uma ação direta de não violência tem como objetivo criar crises como esta e gerar uma tensão a ponto de uma comunidade que sempre se recusou a negociar ser forçada a enfrentar a questão."[1]

Martin Luther King estava certo. Em 3 de maio daquele ano, 6 mil crianças marcharam pela cidade em vez dos manifestantes presos. A resposta da polícia com cassetetes, jatos de água e cachorros estarreceu os Estados Unidos. Kennedy interveio e conseguiu dar fim aos confrontos garantindo boa parte da demanda dos negros.

Em 11 de junho, ainda em 1963, Kennedy deixou de lado a hesitação: "Estamos em face de uma questão moral. Tão antiga quanto as Escrituras e tão clara quanto a Constituição." Oito dias depois, a Casa Branca propunha uma nova legislação de direitos civis que garantia acesso igualitário a todos os prédios públicos, bem como uma ampliação do direito ao voto para a população negra.

O movimento viu a ação de Kennedy como uma oportunidade e decidiu organizar uma megamanifestação em Washington. Em 28 de agosto, mais de 200 mil pessoas se reuniram em frente ao Memorial Lincoln, em homenagem ao presidente norte-americano que levou à frente a causa da abolição.

Martin Luther King foi o último a discursar. De frente para o espelho d'água que reflete o Monumento a Washington, Luther King levou o seu sonho à nação norte-americana e entrou de vez para as páginas da história, com um dos discursos mais belos e citados de todos os tempos.

"E digo-lhes hoje, meus amigos, mesmo diante das dificuldades de hoje e de amanhã, ainda tenho um sonho, um sonho profundamente enraizado no sonho americano. Eu tenho um sonho de que um dia esta nação se erguerá e experimentará o verdadeiro significado de sua crença: 'Acreditamos que essas verdades são evidentes, que todos os homens são criados iguais.'[2] Eu tenho um sonho de que um dia, nas encostas vermelhas da Geórgia, os filhos dos antigos escravos sentarão ao lado dos filhos dos antigos senhores, à mesa da fraternidade. Eu tenho um sonho de que um dia até mesmo o estado do Mississippi, um estado sufocado pelo calor da injustiça, sufocado pelo calor da opressão, será um oásis de liberdade e justiça. Eu tenho um sonho de que os meus quatro filhos pequenos viverão um dia numa nação onde não serão julgados pela cor de sua pele, mas pelo conteúdo de seu caráter. Hoje, eu tenho um sonho!"

Com tudo isso, engana-se quem reduz o espectro da ação não violenta de Luther King aos Estados Unidos, aos turbulentos anos 1960 ou mesmo às questões raciais – o que talvez seja o principal motivo pelo qual os seus discursos permaneçam atuais e, principalmente, inspiradores de transformações sociais. Certamente, são temas típicos de um Martin Luther King a concentração de renda, a falta de saúde, de educação, de oportunidades, de Justiça e segurança.

"É justamente essa coalizão de um poder sem moral com uma moral sem poder que constitui a maior crise de nosso tempo", afirmou o pastor quando se perguntou: "E agora, para onde vamos?", penúltimo discurso desta obra.

Em 4 de abril de 1968, Martin Luther King estava na varanda de um hotel, esperando pelo amigo Ralph Abernathy,[3] quando levou um tiro que o matou na hora. Na noite anterior, discursara dizendo que tinha estado no topo da montanha: "Ele me levou ao topo da montanha, olhei ao redor e contemplei a Terra Prometida. Posso não alcançá-la, mas quero que saibam que nós, como povo, chegaremos à Terra Prometida. Estou tão feliz; não me preocupo com nada; não temo homem algum. Meus olhos viram a glória da presença do Senhor."

*Arthur Ituassu*

é professor da PUC-Rio, mestre e doutor em Relações Internacionais pelo Instituto de Relações Internacionais da PUC-Rio.

# Siglas

- SCLC: *Southern Christian Leadership Conference* (Conferência da Liderança Cristã do Sul)
- MIA: *Montgomery Improvement Association* (Associação pelo Progresso de Montgomery)
- NAACP: *National Association for the Advancement of Colored People* (Associação Nacional pelo Avanço do Povo Negro)
- SNCC: *Student Nonviolent Coordinating Committee* (Comitê Coordenador Estudantil da Não Violência)
- ACMHR: *Alabama Christian Movement for Human Rights* (Movimento Cristão do Alabama pelos Direitos Humanos)

# Mapa dos EUA

# Introdução

Martin Luther King foi a voz do século. Nenhuma outra voz delineou tão claramente as questões morais da segunda metade do século XX, e nenhuma outra visão inspirou tão profundamente as pessoas – da América do Sul à África ocidental, do Muro de Berlim à Muralha da China. O sonho de Martin Luther King sobre as possibilidades morais da América expressou uma esperança universal na humanidade, profundamente enraizada nos profetas hebreus, nos ensinamentos de Jesus de Nazaré e nas ações não violentas da Índia de Mahatma Gandhi.

A voz de Martin foi mais que a expressão de ideais intelectuais e de uma visão espiritual. Foi um apelo à ação, que ele pessoalmente dirigiu desde os primeiros dias do boicote aos ônibus de Montgomery em 1955 até o seu assassinato em Memphis em 1968.

Martin falava com a paixão e a poesia dos profetas ancestrais, ao proclamar a fé de que a justiça pode e irá prevalecer. Ele via a liderança como um processo capaz de relacionar o compromisso cotidiano dos homens às eternas verdades da criação. Como declarou no funeral de três das quatro meninas mortas no atentado a bomba à igreja batista da rua 16, em Birmingham, para ele:

> A morte não é o ponto final da grandiosa sentença da vida, mas uma vírgula que a pontua diante de um significado mais sublime. A morte não é um beco sem saída que leva a humanidade a um estado de total anulação, mas uma porta aberta para a vida eterna. Permitam que essa fé audaciosa, que essa invencível suposição, lhes fortaleça nesses dias de provação.

Antes de tudo, Martin era um homem de fé, um pregador do Evangelho de Deus, que acreditava não só na ressurreição do corpo espiritual, mas também na difusão social dos ideais em nome dos quais vivia e pregava.

A vida de Martin foi um esforço para brotar sobre a nossa complexa existência social e política o poder espiritual da "realidade última", segundo a expressão de Paul Tillich.[4] Para todos aqueles que foram tocados pela poderosa e emocionada cadência de sua oratória, aquela era a própria palavra de Deus manifestando-se na vida desse jovem, humilde e obediente servo. A oratória de Luther King buscava forjar um novo estado de justiça e misericórdia, por meio do poder da verdade e da não violência – verdade que buscava unir homens e mulheres, reconhecidos como irmãos e irmãs. A verdade do amor e da misericórdia que acreditava que os conflitos do mundo se reconciliariam sem violência no poder do espírito humano.

Martin não chegou aos 40 anos, pois uma única bala de rifle o atingiu poucos meses depois do seu 39º aniversário. Ele sempre soubera que o martírio era potencialmente o preço a pagar por desafiar a versão americana da segregação racial.

Mesmo que desejasse, ele não escaparia ao fardo da liderança. Em 1954, Luther King trocou a Universidade de Boston pela pasmaceira da cidade de Montgomery. Como pastor da pequena, mas destacada, igreja batista da avenida Dexter, ele esperava ter tempo e liberdade para concluir a sua tese de doutorado em teologia sistemática. Poucos meses depois de defendê-la, no entanto, a prisão de Rosa Parks num ônibus segregacionista de Montgomery e o subsequente boicote [aos transportes públicos] arremessaram-no no cenário nacional. Logo seria eleito o Homem do Ano pela revista *Time*, uma honra que conquistou antes mesmo dos 30 anos.

A partir daí, Martin passaria a simbolizar e verbalizar as esperanças e aspirações dos povos oprimidos do planeta. A magnífica canção negra "Nós triunfaremos" tornou-se o hino da não violência, entoado por homens e mulheres em todo o mundo.

O aspecto mais notável de sua cruzada moral foi a difusão da não violência e da força da verdade de Gandhi, para libertar não só os filhos e as filhas dos antigos escravos, mas também os filhos e as filhas dos antigos senhores. Embora essencialmente espiritual, essa mensagem tinha também um grande apelo político, capaz de destituir governos, encerrar guerras e levar os tribunais e o Congresso dos Estados Unidos a expandir radicalmente a visão dos direitos humanos da Constituição americana, para garantir a aplicação de novas liberdades para os filhos e as filhas dos antigos escravos. Essa mesma mensagem logo inspirou movimentos de emancipação das mulheres, dos hispano-americanos, dos nativos americanos, das crianças e dos deficientes físicos e levou, no fim das contas, a uma "nova onda de esperança ao redor do mundo". O Novo Sul de nossos dias e a eleição de três de seus filhos à presidência dos EUA podem ser atribuídos à luta que Martin dirigiu para realizar o sonho americano, sem a destruição do homem e da propriedade.

Para Martin, a justiça social não se resolveria "de acordo com a inevitável roda do destino", mas viria com luta e sacrifício. Os discursos que fez em Montgomery ajudaram a acabar com a segregação nos ônibus da cidade. Os discursos de Birmingham e do Lincoln Memorial suscitaram a aprovação da Lei dos Direitos Civis, em 1964, pondo fim à segregação legal das raças. Em Selma, ele fez uma bem-sucedida convocação ao voto. A condenação da Guerra do Vietnã contribuiu para encerrar a participação da América nesse conflito. Em 1968, ele foi morto enquanto lutava pelo fim da pobreza dos trabalhadores da limpeza pública.

Este é um modo único de ler e compreender a história: a partir de suas fontes primárias. Estes discursos ganharam importância e ajudaram a formar os desafios morais da segunda metade do século XX. Esta maravilhosa antologia revela que as palavras e o testemunho de Martin sempre estiveram relacionados a um desafio específico de injustiça. Ele nunca buscou a confrontação com o mal. Em essência, era ele um marido, um pai e um pastor da igreja batista, como foram anteriormente o seu avô e o seu pai.

Eventos na América do Sul e na África meridional, bem como as transformações relativamente pacíficas da Europa oriental, provaram-lhe que era correto ver a não violência como o melhor método para resolver os problemas mundiais, enquanto os conflitos da Bósnia e da Libéria continuam a provar a futilidade da violência.

Talvez a leitura destes eloquentes pronunciamentos de um homem de "disciplinada, agressiva e positiva boa vontade", que amava os seus adversários como irmãos e que deu a própria vida para "livrar a alma da América dos males do racismo, da guerra e da pobreza", mostre o caminho para o novo milênio e nos ajude a continuar a vivenciar essas verdades nos dias que virão.

*Andrew Young*

trabalhou ao lado de Luther King na Conferência da Liderança Cristã do Sul (*Southern Christian Leadership Conference* – SCLC, na sigla em inglês) em esforços tais como a educação para a cidadania e o registro eleitoral. Eleito para o Congresso Nacional em 1972, Young foi o primeiro deputado negro representante da Geórgia desde o fim da Guerra Civil (1861-65). Após servir como embaixador nas Nações Unidas, foi duas vezes prefeito de Atlanta. Foi agraciado com a Medalha Presidencial da Liberdade, a mais importante comenda que pode ser concedida a um civil nos Estados Unidos. Presidiu o Good Works International, LLC.

# Discurso no primeiro comício da Associação pelo Progresso de Montgomery

# Apresentação
## *Rosa Louise Parks*

O 5 de dezembro de 1955 foi um dos dias mais memoráveis e inspiradores da minha vida. Os registros da história o assinalam como o início do moderno Movimento por Direitos Civis, que transformou a América e influenciou revoluções libertárias em todo o mundo.

Quatro dias antes, em 1º de dezembro, eu fora presa em Montgomery, minha cidade natal, no estado do Alabama, por recusar a ceder o meu lugar num ônibus municipal a um homem branco – o que era então uma prática comum, embora ofensiva. O reverendo E.D. Nixon e o promotor Fred Gray, líderes da comunidade negra local, perguntaram-me se, devido à prisão, eu desejaria instaurar uma ação civil com o objetivo de pôr fim à segregação nos ônibus de Montgomery, e concordei em ajudá-los.

Joanne Robinson e outras líderes negras do Conselho Político das Mulheres de nossa comunidade se reuniram na noite da minha prisão e decidiram organizar um boicote [ao transporte público] que começaria em 5 de dezembro, dia do meu julgamento. Considerada culpada por violar o estatuto segregacionista, impuseram-me uma penalidade de advertência e uma multa de 10 dólares, acrescida de 4 dólares para pagar as custas do processo. Isso favorecia a nossa estratégia legal, pois, deste modo, poderíamos apelar e desafiar a lei segregacionista numa instância superior.

Um grupo de ministros reuniu-se naquela mesma tarde de 5 de dezembro e formou uma nova organização: a Associação pelo Progresso de Montgomery (MIA). Uma assembleia da comunidade negra foi convocada para aquela noite na igreja batista de Holt Street. Os ministros elegeram, como presidente e porta-voz da associação, um jovem pastor chamado Martin Luther King, que eu conhecera rapidamente alguns meses antes. Luther King foi escolhido, em parte, por ser relativamente novo na comunidade e, portanto, não ter quaisquer inimigos. Além disso, ele impressionara profundamente Rufus Lewis, um influente membro da nossa comunidade que frequentava a igreja batista de Luther King na avenida Dexter. Eu conhecera Coretta, a esposa de Luther King, e assistira a concertos nos quais ela cantara, mas, na ocasião, não sabia que era a sua esposa.

Quando cheguei à assembleia, a igreja estava tão lotada que a multidão espalhava-se pela rua e alto-falantes foram instalados do lado de fora para atender todos. A excitação ao redor da igreja era eletrizante. Eu me lembro de pressentir que algo extraordinário nascia ali. Cortei caminho pela multidão até alcançar o meu lugar no tablado, onde se desenrolava uma acalorada discussão sobre a estratégia do boicote.

Luther King foi apresentado, então, à audiência e começou a discursar com a sua tranquila voz de barítono e a sua rica e estudada eloquência, que distinguiriam até mesmo o primeiro discurso de sua carreira como líder do movimento por direitos civis. Mais tarde, Luther King escreveria que ele normalmente dedicava 15 horas para preparar os seus sermões, mas, devido aos agitados acontecimentos daquele dia, tivera apenas vinte minutos para produzir "o mais decisivo discurso da minha vida". Isso o preocupou durante cinco minutos, mas, em seguida, ele sabiamente rogou que Deus o guiasse.

Sua prece deve ter sido ouvida, pois naquela noite histórica, apesar de toda a pressão que o oprimia, Luther King não demonstrou qualquer sinal de dúvida ou hesitação. Discursou como um pregador experiente e foi interrompido várias vezes ao longo de suas colocações por um coro enérgico de "amém", "isso mesmo", "siga em frente" e "sim, Senhor."

Luther King relembrou os abusos que os cidadãos negros de Montgomery vivenciaram e que os levaram ao boicote. Falou sobre o que acontecera comigo e por que tínhamos de vencer aquela batalha. Disse à multidão que o nosso boicote era um protesto patriótico, totalmente afinado com a tradição da democracia americana. Salientou a crucial importância de honrarmos os princípios da não violência e de enraizarmos o nosso protesto nos ensinamentos de Jesus Cristo, ao lado de nossa inabalável determinação de sairmos vitoriosos do boicote.

E então, ao concluir, disse as palavras que jamais esquecerei, as proféticas palavras que, para mim, ainda definem o caráter de nosso movimento, libertário e não violento: "Quando os livros de história forem escritos no futuro, alguém terá que dizer: 'Ali viveu um povo, um povo negro, de negra face e carapinha, um povo que teve a coragem moral de lutar pelos seus direitos. E, por isso, injetou um novo significado nas veias da história e da civilização.'"

Em meio ao estrondo dos aplausos que se seguiu à fala de Luther King naquela noite, havia um sentimento de que o discurso dava início a uma nova era. Martin Luther King o dissera com toda clareza e eloquência: o movimento não buscava apenas pôr fim à segregação nos ônibus, ou mesmo ao desrespeito que o nosso povo sofria em Montgomery. O movimento buscava saciar a sede secular de um povo tão sofrido por liberdade, dignidade e direitos humanos. Chegara a hora de beber direto da fonte.

Nestas páginas, celebramos a maravilhosa oratória de um dos mais importantes líderes americanos. Mas devemos lembrar que o que deu legitimidade aos seus discursos e sermões foi o fato de que Luther King não apenas pronunciou as palavras, como percorreu o caminho de Montgomery a Memphis, suportando prisões, espancamentos, abusos, ameaças e o mais alto sacrifício que uma pessoa pode fazer por uma causa justa.

Quando entrei no tribunal naquela manhã, ouvi um dos nossos simpatizantes afirmando: "Agora eles mexeram com a pessoa errada." Porém, ao voltar para casa, depois do discurso de Luther King, eu sabia que havíamos encontrado a pessoa certa para articular o nosso protesto. Com o passar das semanas e dos meses, ficaria claro para mim que encontráramos o nosso Moisés, e ele certamente nos levaria à prometida terra de justiça e liberdade para todos.

*Rosa Louise Parks* (1913-2005) foi ativista dos direitos civis e dirigente local da *National Association for the Advancement of Colored People* (Associação Nacional pelo Avanço do Povo Negro), em Montgomery, Alabama, por mais de uma década antes de sua recusa em aceitar as práticas segregacionistas no uso dos assentos dos ônibus, em 1º de dezembro de 1955, e desencadear o bem-sucedido boicote ao transporte público da cidade. Após enfrentar a perda do emprego e outras formas de intimidação, mudou-se de Montgomery para Detroit, Michigan, onde continuou a sua luta política e ajudou a fundar o Instituto Rosa e Raymond Parks para o Desenvolvimento Individual.

*Meus amigos, realmente estamos muito felizes* em vê-los tão dispostos nesta noite, em que um grave assunto nos trouxe aqui [Público:] (*Sim*). Em geral, aqui nos reunimos porque, em primeiro lugar e acima de tudo, somos cidadãos americanos e estamos determinados a exercer a nossa cidadania na plenitude do seu significado. Aqui nos reunimos também devido a nosso amor à democracia, devido a nossa crença profunda de que a democracia, convertida de um conceito delicado a uma ação decidida, é a melhor forma de governo na face da Terra (*Isso mesmo*).

Mas aqui nos reunimos, em especial, devido à situação dos ônibus em Montgomery. Aqui nos reunimos porque estamos determinados a corrigir essa situação, que, definitivamente, não é nova. O problema existe há muitos e muitos anos. Por muito tempo agora, os negros de Montgomery e de tantas outras regiões suportaram a paralisia incapacitante do medo, nos ônibus de nossa comunidade. Em muitas ocasiões, os negros foram intimidados, humilhados e oprimidos simplesmente por serem negros. Não tenho tempo esta noite para me aprofundar na história desses casos numerosos, muitos dos quais estão agora perdidos na densa névoa do esquecimento (*Sim*), mas ao menos um deles ergue-se a nossa frente em evidentes proporções (*Sim*).

Há poucos dias, na última quinta-feira, para ser exato, uma das mais distintas cidadãs de Montgomery – (*Amém*) não uma das mais distintas cidadãs negras, mas uma das mais distintas cidadãs de Montgomery – foi retirada de um ônibus, levada à prisão e trancafiada numa cela, porque se recusara a levantar para ceder o seu assento a um branco (*Sim, isso mesmo*). Agora a imprensa quer nos fazer crer que ela se recusou a deixar uma área reservada a negros, mas esta noite quero que vocês saibam que não há qualquer área reservada (*Isso mesmo*). A lei nunca foi esclarecida a esse respeito. Creio que agora falo com o respaldo da autoridade legal – não que eu tenha qualquer autoridade legal, mas creio que falo com o respaldo da autoridade legal – (*Isso mesmo*), que a lei, que a regulamentação, que a regulamentação municipal nunca foi completamente esclarecida (*Isso mesmo*).

Rosa Parks é uma pessoa distinta. E, já que havia de acontecer, fico feliz que tenha acontecido com uma pessoa como Rosa Parks, pois ninguém pode duvidar da intensidade de seu compromisso cristão e de sua devoção aos ensinamentos de Jesus. E fico feliz, já que havia de acontecer, que tenha acontecido com uma pessoa que ninguém pode acusar de ser um fator de desordem na comunidade (*Isso mesmo*). Rosa Parks é uma cristã distinta, humilde, e ainda de grande caráter e integridade. E, apenas por ter se recusado a levantar, foi detida.

E vocês sabem, meus amigos, que chega a hora em que as pessoas se cansam de ser pisoteadas pelo pé de ferro da opressão. Chega a hora, meus amigos, em que as pessoas se cansam de ser lançadas no abismo da humilhação, onde vivenciam a desolação de um pungente desespero. Chega a hora em que as pessoas se cansam de ser alijadas do brilhante e vívido sol de julho e abandonadas ao frio cortante de um novembro alpino. Chega a hora...

Aqui nos reunimos, aqui nos reunimos esta noite, porque agora estamos cansados. E quero dizer que não defendemos a violência. Nunca fizemos isso. Quero que por toda Montgomery e por toda a nação se saiba que somos cristãos (*Sim*). Acreditamos na religião cristã. Acreditamos nos ensinamentos de Jesus (*Muito bem*). A única arma que temos em nossas mãos nesta noite é a arma do protesto (*Sim*) [*Aplausos*]. E é só.

E certamente, certamente, essa é a glória da América, com todos os seus defeitos. Essa é a glória de nossa democracia. Se estivéssemos encarcerados atrás das cortinas de ferro de uma nação comunista, não poderíamos fazer isso. Se estivéssemos jogados nos porões de um regime totalitário, não poderíamos fazer isso. Mas a grande glória da democracia americana é o direito de protestar pelos nossos direitos. Meus amigos, não permitam que alguém nos faça acreditar que as nossas ações são comparáveis às da Ku Klux Klan ou às do Conselho dos Cidadãos Brancos. Nenhuma cruz arderá em chamas nas paradas de ônibus de Montgomery. Nenhum branco será arrancado de sua casa, levado ao longo de uma estrada distante e linchado por não cooperar. Nenhum de nós se erguerá para desafiar a Constituição de nossa nação. Somente nos reunimos aqui movidos pelo desejo de que o direito prevaleça. Meus amigos, quero que no futuro se saiba que nós íamos para o trabalho com a firme e corajosa determinação de levar a justiça aos ônibus desta cidade [*Aplausos*].

E não estamos errados; o que fazemos não está errado. Se estivermos errados, a Suprema Corte desta nação está errada. Se estivermos errados, a Constituição dos Estados Unidos está errada. Se estivermos errados, Deus Todo-Poderoso está errado. Se estivermos errados, Jesus de Nazaré era apenas um idealista sonhador, que jamais desceu à Terra. Se estivermos errados, a justiça é uma mentira. O amor não tem qualquer significado. E aqui em Montgomery estamos determinados a trabalhar e lutar até que a justiça corra como as águas, e seja a virtude uma corrente poderosa [*Aplausos*].

Quero dizer que, em todas as nossas ações, devemos permanecer unidos. A união é a grande necessidade desta hora. Se estivermos unidos, alcançaremos muito daquilo que não só desejamos, mas que com justiça merecemos. Que ninguém os amedronte. Não tememos o que fazemos (*Oh, não*), pois agimos dentro da lei. Em nenhum momento da democracia americana devemos acreditar que estamos errados por protestar. Somos detentores desse direito. Quando trabalhadores de toda a nação perceberam que seriam pisoteados pelo poder capitalista, não estavam errados esses trabalhadores ao se unirem e se organizarem e protestarem por seus direitos (*Isso mesmo*).

Nós, os deserdados desta terra, nós, por tanto tempo oprimidos, estamos cansados de atravessar a longa noite do cativeiro. E agora desejamos alcançar a aurora da liberdade, da justiça e da igualdade. Permitam-me que lhes diga, meus amigos, ao me aproximar do fim, e apenas dando uma ideia de por que estamos aqui reunidos, que Deus – e desejo enfatizar isso, em todas as nossas ações, em todas as nossas deliberações aqui nesta noite e por toda a semana e além, não importa o que fizermos –, que Deus esteja sempre conosco (*Sim*). Sejamos cristãos em todas as nossas ações. Mas quero dizer-lhes esta noite que para nós não basta falar do amor. O amor é um dos pilares da fé cristã, mas há uma outra face chamada justiça. E a justiça é de fato a ponderação do amor. Justiça é corrigir com amor aquilo que se rebela contra o amor.

O próprio Deus Todo-Poderoso não é único, não é um Deus que permanece imóvel falando por meio de Oseias: "Eu te amo, Israel." Ele também é o Deus que se coloca diante das nações e diz: "Aquietem-se e reconheçam que Eu sou Deus, que, se não Me obedecerem, quebrarei a espinha dorsal de seu poder e arrancá-los-ei da órbita de suas relações nacionais e internacionais" (*Isso mesmo*). Ao lado do amor está sempre a justiça, e estamos apenas usando as ferramentas da justiça. Não apenas usamos as ferramentas da persuasão, mas percebemos que precisamos usar as ferramentas da coerção. Isso não é apenas um processo educativo, mas um processo legislativo.

E enquanto estamos aqui esta noite e enquanto nos preparamos para o que nos aguarda adiante, guardemos a firme e corajosa determinação de que permaneceremos unidos. Trabalharemos unidos. Aqui mesmo em Montgomery, quando os livros de história forem escritos no futuro, alguém terá que dizer, "Ali viveu um povo (*Muito bem*), 'um povo negro, de negra face e carapinha' (*Sim*), um povo que teve a coragem moral de lutar pelos seus direitos. E, por isso, injetou um novo significado nas veias da história e da civilização." E nós faremos isso. Deus consente que o façamos antes que seja tarde. Enquanto prosseguimos com o nosso programa, pensemos em tudo isso.

*Proferido na igreja batista de Holt Street, em Montgomery, Alabama, em 5 de dezembro de 1955*

# O nascimento de uma nova nação

## Apresentação
*Reverendo Leon H. Sullivan*

Durante o último discurso que proferiu em Memphis, Tennessee, antes de ser assassinado, Martin Luther King disse: "Eu estive no alto da montanha ... e contemplei a Terra Prometida." Luther King ainda se encontra no alto da montanha a velar por nós, a nos guiar os passos no caminho dos direitos civis, da justiça e da não violência, à medida que tentamos alcançar a Terra Prometida.

O discurso que se segue, intitulado "O nascimento de uma nova nação", foi proferido na igreja batista da avenida Dexter, em Montgomery, Alabama, em 7 de abril de 1957. Neste sermão, Luther King aborda a independência de Gana do domínio e da opressão do Império Britânico, relacionando o fato às necessidades libertárias do povo americano e de toda a população mundial – e preparando o terreno para todos os filhos de Deus ao redor do mundo que buscam justiça e oportunidades iguais para si mesmos, para os seus filhos e para os filhos de seus filhos. Ao detalhar a saída dos judeus do Egito sob a liderança de Moisés, Luther King narra a história de como Deus intervém nos eventos seculares e descreve o sucesso daqueles que lutam por liberdade e justiça com determinação, fé, não violência e confiança na força e no poder de Deus.

"O nascimento de uma nova nação" é também uma crônica dos esforços feitos por Kwame Nkrumah, um homem da antiga Costa do Ouro africana, filho de pais analfabetos que, para realizar um sonho impossível – dar vida a uma nova nação, livre do colonialismo do Império Britânico –, contava com pouco mais do que a sua própria determinação e a ajuda de Deus. Tocado pelo destino, esse jovem elevou-se acima do impossível para tornar-se líder de seu povo.

À época deste sermão, Luther King talvez fosse o único homem vivo que, a partir da sua própria experiência, podia colocar a história da opressão num contexto tangível. Luther King viveu tempos semelhantes àqueles em que Moisés, Gandhi e Nkrumah enfrentaram dificuldades imensas e as superaram, a fim de libertar seus povos. "O nascimento de uma nova nação", diz Luther King, "é a história de todos os povos que lutam por liberdade. ... E demonstra as etapas que parecem inevitavelmente se seguir a essa busca."

Luther King fala do inspirador e extraordinário Kwame Nkrumah, que, para manter os seus estudos, trabalhou na Filadélfia como mensageiro em hotéis e lavador de pratos. Nkrumah voltou ao seu país, passou anos na prisão por causa das suas atividades políticas e, finalmente, foi libertado – e eleito primeiro-ministro de Gana. Nkrumah, que, ao lado de todos os seus ministros, apresentou-se às cerimônias, "com os gorros e os casacos que usaram durante os muitos meses na prisão", discursou no fechamento do Parlamento, decretando o nascimento de uma nação. Como disse Luther King em seu sermão: "Aquela foi uma hora grandiosa. A morte do velho Parlamento ... o nascimento de uma nova nação."

Tendo estado ali naquele dia ao lado de outros líderes americanos – incluindo Ralph Bunche,[5] a maravilhosa esposa de Luther King, Coretta (que, após o assassinato do marido, deu continuidade à atual vigília de não violência na América), e o congressista Charles Diggs –, testemunhei o impossível tornar-se realidade. Era a saída do Egito: "Ouvíamos em cada esquina, em cada canto e em cada recanto da comunidade: 'Liberdade! Liberdade!'." Observar o novo líder de Gana valsar com a duquesa de Kent, que representava a rainha da Inglaterra, foi tão revolucionário quanto maravilhoso.

Luther King, que já levava uma vida semelhante a de Moisés, Gandhi e Nkrumah, estava prestes a seguir os passos desses líderes brilhantes: entraria no deserto para forjar uma nova América para negros e brancos, conquistaria a igualdade e a justiça negadas desde os dias da escravidão. Que mensagem para os jovens lerem e conhecerem! A fé, a determinação e o auxílio de Deus podem levar a conquistas grandiosas.

Luther King acreditava que, com o envolvimento e a assistência da população negra da América e de todo o mundo, o sonho de uma nascente África independente seria realizado. Devido a sua profunda preocupação com o futuro do continente, não tenho dúvidas de que, se fosse vivo, Luther King participaria diretamente da realização do sonho de uma nova África e iniciaria as peregrinações ao continente africano, nos moldes das Conferências Afro-Americanas iniciadas em 1991 (nas quais Coretta King esteve sempre presente), e eu seria um orgulhoso seguidor de Luther King, enquanto ele guiasse esses peregrinos em direção a uma nova Terra Prometida.

*Leon H. Sullivan*, falecido pastor da influente igreja batista de Sião, na Filadélfia, iniciou um boicote seletivo às empresas que se recusavam a contratar trabalhadores negros no final dos anos 1950. Em 1964, fundou o Centro de Desenvolvimento Industrial, que oferece treinamento técnico para negros em todos os Estados Unidos e na África. Sullivan esteve ativamente envolvido no movimento contra a política de *apartheid* da África do Sul e foi agraciado com a Medalha Presidencial da Liberdade em 1992.

*No sermão desta manhã falarei sobre* "O nascimento de uma nova nação". E, como ponto de partida para a nossa reflexão comum, tomarei uma história há muito gravada na memória de sucessivas gerações. É a história do Êxodo, a história da fuga dos hebreus, do cativeiro no Egito – pelo deserto – à Terra Prometida. É uma bela história. Pude assistir em Nova York a sua versão para o cinema, intitulada *Os dez mandamentos*, e pude ver, em toda a sua beleza, a luta de Moisés, a luta dos seus devotos seguidores na tentativa de escapar do Egito, para, finalmente, partir pelo deserto, em direção à Terra Prometida. Essa é a história de todos os povos que lutam por liberdade. É a primeira história a narrar a manifesta busca humana pela liberdade. E demonstra as etapas que parecem inevitavelmente se seguir a essa busca.

Antes de 6 de março de 1957 havia um país conhecido como Costa do Ouro. Esse país, uma colônia do Império Britânico, localizava-se no vasto continente conhecido como África. Tenho certeza de que vocês sabem muito sobre a África, esse continente de quase 2 milhões de habitantes que cobre um amplo território. Há muitos nomes familiares associados à África que vocês provavelmente reconheceriam, mas lá estão alguns países de que muitos jamais se dariam conta. O Egito, por exemplo, está na África. E há essa vasta área da África setentrional onde se encontram o Egito e a Etiópia, a Tunísia e a Argélia, o Marrocos e a Líbia. E se vocês seguirem para a África meridional, vocês encontrarão um extenso território conhecido como a União da África do Sul, onde se encontra a capital Johannesburgo, sobre a qual muito se lê ultimamente. E há a África central, com lugares como a Rodésia e o Congo Belga. E há a África oriental, com lugares como o Quênia e a Tanzânia, e lugares como Uganda e outros países muito poderosos que ali se encontram. E se vocês seguirem rumo à África ocidental, vocês encontrarão a África Ocidental Francesa e a Nigéria, a Libéria, Serra Leoa e outros lugares afins. E é neste ponto, nesta seção da África, bem ali na África ocidental, que encontramos a Costa do Ouro.

Vocês também sabem que, ao longo dos séculos, a África tem sido um dos continentes mais explorados da história do mundo. Tem sido o "continente negro". Tem sido o continente a sofrer toda a dor e a aflição que puderam ser reunidas pelas outras nações. E foi esse continente que suportou a escravidão, que suportou tudo de mais indigno, que ganhou vida pela exploração imposta por outras nações.

E esse país, a Costa do Ouro, era uma parte de um extenso continente conhecido como África. Era um pequeno país na África ocidental com cerca de 235 mil km$^2$, com uma população de cerca de 5 milhões de habitantes, pouco mais de 4,5 milhões. E lá estava Acra, a sua capital. Por anos a Costa do Ouro foi explorada, dominada e pisoteada. Os primeiros colonizadores europeus, os portugueses, ali chegaram em 1444 e iniciaram um comércio regular com a população da Costa do Ouro. Inicialmente, em troca de ouro, ofereceram-lhe armas, e munição, e pólvora, e coisas afins. Alguns anos depois, no mesmo século XV, foi descoberta a América e, em seguida, as Índias Ocidentais Britânicas. E todas essas crescentes descobertas levaram ao tráfico negreiro.

Lembrem-se de que o tráfico se iniciou na América em 1619. E houve uma grande disputa pelo poder na África. Com o crescimento do tráfico negreiro, chegaram à África e à Costa do Ouro não apenas os portugueses, mas também os suecos, e os dinamarqueses, e os holandeses, e os ingleses. E todas essas nações disputaram entre si o poder sobre a Costa do Ouro, a fim de poderem explorar economicamente essas pessoas e vendê-las como escravas.

Finalmente, em 1850, a Inglaterra venceu e tomou posse de toda a extensão territorial da Costa do Ouro. De 1850 a 6 de março de 1957, a Costa do Ouro foi uma colônia do Império Britânico. E, como colônia, sofreu todas as injustiças, todas as explorações, todas as humilhações que resultam do colonialismo. Mas como toda escravidão, como toda dominação, como toda exploração, chegou a um ponto em que as pessoas se cansaram.

E essa parece ser a longa lição da história. Parece que há um desejo palpitante, parece que há um desejo interno por liberdade na alma de cada ser humano. E está lá – no início, pode não se manifestar –, mas finalmente irrompe. Os homens percebem que a liberdade é fundamental e que roubar a liberdade de um homem é tirar-lhe a essência de sua humanidade. Tirar-lhe a liberdade é roubar-lhe algo da imagem de Deus. Parafraseando as palavras do Otelo shakespeariano: "Quem me rouba a bolsa rouba lixo; isso nada representa; era meu, é dele, serviu a milhares; mas quem de mim leva a liberdade rouba-me algo que não o enriquece, mas que definitivamente me empobrece."

Há algo na alma que clama por liberdade. Há algo no âmago mais profundo da alma humana que busca por Canaã. O Egito não satisfaz os homens. Eles se adaptam por algum tempo. Muitos têm direitos adquiridos no Egito e tardam a abandoná-lo. O Egito lhes é lucrativo, alguns lucram com o Egito. As massas populacionais – a grande maioria – jamais lucram e jamais se contentam com o Egito. E finalmente se erguem, clamando pela Terra de Canaã.

E assim essas pessoas se cansaram. Viveram uma longa história. Ainda no princípio, em 1844, os chefes nativos da Costa do Ouro se rebelaram, se uniram e se revoltaram contra o Império Britânico e contra os outros poderes que então dominavam a Costa do Ouro. Eles se revoltaram, alegando o desejo de governarem a si mesmos. Mas esses poderes os sufocaram, e os britânicos disseram que não os deixariam.

Em 12 de setembro de 1909, nasceu um menino. A história não sabia então o que aquele menino tinha em mente. Sua mãe e seu pai, analfabetos, não pertenciam à poderosa vida tribal da África; não eram chefes, mas pessoas humildes. E aquele menino cresceu. Por algum tempo foi à escola em Achimota, na África, onde concluiu os seus estudos com distinção. Decidiu, então, partir para a América, onde um dia desembarcou, com cerca de 50 dólares em libras no bolso, pronto para aprender. Seguiu para a Universidade de Lincoln, na Pensilvânia. Ali começou os seus estudos, começou a ler a obra dos grandes filósofos e começou a ler as grandes obras da humanidade. Ele se formou, conquistou o seu diploma de teologia e, enquanto permaneceu no país, pregou nos arredores da Filadélfia e em outras localidades. Partiu, então, para a Universidade da Pensilvânia, onde se tornou mestre em filosofia e sociologia. Ao longo de todos esses anos em que esteve na América, era pobre e trabalhou duro. Em sua autobiografia, conta que, para manter os estudos, trabalhou como mensageiro em hotéis, como lavador de pratos, e, durante o verão, como garçom.

"Quero voltar para casa. Quero voltar para a África ocidental, a terra do meu povo, minha terra natal. Há ali muito trabalho a ser feito." Embarcou num navio para a Inglaterra e, por um período, cursou a Escola de Economia de Londres, adquirindo ali um novo título. Ainda em Londres, começou a pensar no pan-africanismo e em como libertar o seu povo do colonialismo. Pois, como ele mesmo disse, sempre soube que o colonialismo fora feito para dominação e para exploração. Fora feito para manter um determinado grupo submisso e explorar esse grupo economicamente para o progresso de outro. Ele estudou e pensou sobre tudo isso, e um dia decidiu voltar à África.

Chegando lá, foi imediatamente eleito secretário-executivo do Partido Unido da Costa do Ouro. Trabalhou duro para recrutar novos adeptos. Os veteranos do partido, aqueles que tiveram as suas mãos no arado por muito tempo, acreditavam que ele estava indo rápido demais e ficaram enciumados com a sua influência. Então ele teve que romper com o Partido Unido da Costa do Ouro e, em 1949, fundou o Partido da Convenção Popular. Foi este partido que começou o trabalho pela independência da Costa do Ouro. Com modéstia, no início, ele encorajava o seu povo a se unir pela liberdade e encorajava as autoridades do Império Britânico a ceder-lhes a liberdade. Estas foram lentas em responder, mas as massas populares estavam ao lado dele e se uniram para fazer daquele o mais poderoso e influente partido que jamais se formara naquela parte da África.

Ele passou a escrever, e também os seus companheiros, muitos dos quais passaram a escrever tanto, que as autoridades ficaram temerosas e os colocaram na cadeia. O próprio Nkrumah foi finalmente condenado a muitos anos de prisão, por ser um subversivo, por ser um agitador. Foi detido, acusado de incitar à desordem, e levado à prisão para ali passar muitos anos. Mas do lado de fora, poucos meses após ser preso, algumas pessoas se mobilizaram e, ainda no cárcere, elegeram-no primeiro-ministro. Por um tempo as autoridades britânicas tentaram mantê-lo ali, e disse Gbedemah – ministro das Finanças e um de seus mais próximos colaboradores – que naquela noite o povo se preparava para ir à cadeia para libertá-lo. Mas Gbedemah afirmou: "Não é esse o caminho; não façamos assim. A violência irromperá e destruiremos a nossa causa." Mas o Império Britânico percebeu que o melhor era libertá-lo. E em poucas horas Kwame Nkrumah, o primeiro-ministro da Costa do Ouro, deixava a prisão. Fora condenado a uma pena de 15 anos mas cumprira apenas oito ou nove meses, e agora deixava a prisão como primeiro-ministro da Costa do Ouro.

Essa era a luta que há anos vinha sendo travada. E agora chegava a um ponto em que essa pequena nação caminhava para a sua independência. Então vieram a agitação e a resistência, tão constantes que o Império Britânico percebeu que não poderia mais dominar a Costa do Ouro. E aceitaram isso em 6 de março de 1957, aceitaram libertar essa nação. Essa nação não mais seria uma colônia do Império Britânico, seria uma nação soberana dentro da Comunidade Britânica. Tudo isso aconteceu graças ao protesto firme, à mobilização contínua da parte do primeiro-ministro Kwame Nkrumah e de outros líderes que trabalharam a seu lado e ao lado das massas populares que os apoiavam.

Então aquele dia finalmente chegou. Foi um dia maravilhoso. A semana que se seguiu foi uma semana maravilhosa. Eles se prepararam para aquele dia por muitos anos, e agora estava ali. Pessoas de todas as partes do mundo começaram a chegar desde o dia 2 de março. Setenta países enviaram representantes para dizer à nova nação: "Nós os saudamos e oferecemos o nosso apoio moral. Que, a partir de agora, Deus os guie ao reino da independência." Somente da América chegaram mais de cem pessoas: a imprensa, os convidados diplomáticos e os convidados do primeiro-ministro. Ah, foi uma bela experiência ver ali presentes algumas das principais lideranças do movimento dos direitos civis da América para dizer, diante dessa nascente nação: "Saudações." Vejam só, à minha direita, Adam Powell;[6] à minha esquerda, [o congressista] Charles Diggs; também à minha direita, Ralph Bunche. Do outro lado, Sua Majestade Manning, o primeiro-ministro da Jamaica, e o embaixador Jones, da Libéria. Todas essas pessoas vindas da América, Mordecai Johnson,[7] Horace Mann Bond;[8] todas essas pessoas apenas vieram para dizer: "Desejamos saudá-los e desejamos que saibam que lhes oferecemos o nosso apoio moral para que cresçam." Olhem ao redor e vejam o vice-presidente do Estados Unidos, vejam A. Philip Randolph,[9] vejam todas as pessoas que estiveram na vanguarda da luta pelos direitos civis ao longo dos anos vindo à África dizer: "Sigam com Deus." Esse foi um dia maravilhoso não só para Nkrumah, mas para toda a Costa do Ouro. Então veio a terça-feira, dia 5 [*de março*], que levou a muitos eventos. Naquela noite, acompanhamos o fechamento do Parlamento. O fechamento do velho Parlamento – o velho Parlamento, presidido pelo Império Britânico –, o velho Parlamento que decretou o colonialismo e o imperialismo. Agora esse Parlamento estava fechado. Foi uma visão grandiosa, um quadro grandioso, uma cena grandiosa. Sentamo-nos, naquela noite, cerca de quinhentas pessoas que ali puderam entrar. Pessoas, milhares e milhares de pessoas do lado de fora, cerca de quinhentas ali dentro, e fomos bastante afortunados de estar ali sentados naquele momento, como convidados do primeiro-ministro. Naquela hora, percebemos que o primeiro-ministro Nkrumah entrava ao lado de todos os seus ministros, e dos juízes da Suprema Corte da Costa do Ouro, e de todas as pessoas do Partido da Convenção Popular, os líderes do partido. Nkrumah apresentava-se para, com o seu discurso, pôr fim à velha Costa do Ouro. Naquele momento, um mundo caduco desaparecia.

O que mais me impressionou naquela noite, mais do que qualquer outra coisa, foi o fato de que, quando Nkrumah entrou junto com os ministros, que com ele estiveram na prisão, eles não vinham com coroas e trajes reais, mas vinham com os gorros e os casacos que usaram durante tantos meses na prisão. Nkrumah levantou-se e fez o discurso de fechamento do Parlamento, com o pequeno gorro que usara na prisão por vários meses, com o casaco que vestira na prisão por vários meses, cercado por seus ministros. Aquela foi uma hora grandiosa. A morte do velho Parlamento. E então, à meia-noite saímos. Ao sairmos, vimos os gramados cobertos por quase 500 mil pessoas. Por muitos anos, elas esperaram por aquela hora e por aquele momento. Enquanto saíamos pela porta e olhávamos para o belo edifício, olhamos para o alto e ali estava uma pequena bandeira que tremulara ao vento por anos e anos. Era a Union Jack da Costa do Ouro, a bandeira do Império Britânico. Mas, à meia-noite, arriou-se uma pequena bandeira para outra bandeira se elevar. Arriou-se a velha Union Jack para a nova bandeira de Gana se elevar. Aquela era agora uma nova nação, nascia uma nova nação. E diante de seu povo espalhado pelos gramados, o primeiro-ministro Nkrumah disse: "Não somos mais uma colônia britânica. Somos um povo livre e soberano." Neste momento, em meio à multidão, viam-se pessoas em lágrimas. Sem perceber, comecei a chorar. Chorava de alegria. E sabia de todas as batalhas, de toda a dor, e de toda a agonia por que passaram aquelas pessoas para chegar até ali.

Ao final do último discurso de Nkrumah, já era quase meia-noite e meia e resolvemos ir embora. Podíamos ouvir crianças de seis anos e velhos de oitenta e noventa anos, cruzando as ruas de Acra, a gritar: "Liberdade! Liberdade!" Eles não pronunciavam da maneira que o fazemos – muitos não falam a nossa língua com fluência – e, com o sotaque, a palavra soava diferente. Gritavam de uma forma que jamais poderiam imaginar. Ouvi, então, o eco da velha canção dos negros,[10] clamando mais uma vez: "Livre afinal! Livre afinal! Graças ao Deus Todo-Poderoso, estou livre afinal!" Eles experimentavam esse sentimento no íntimo de suas almas e o grito ecoava aos quatro ventos. Ouvíamos em cada esquina, em cada canto e em cada recanto da comunidade: "Liberdade! Liberdade!" Era o nascimento de uma nova nação. Era a saída do Egito.

Na quarta-feira de manhã foi a abertura oficial do Parlamento. Novamente tivemos acesso ao interior do prédio. Nkrumah fez ali o seu discurso. E agora era o primeiro-ministro da Costa do Ouro, livre de todo jugo – com os mesmos plenos poderes que Macmillan na Inglaterra, com os mesmos plenos poderes que Nehru na Índia –, agora uma nação livre, agora o primeiro-ministro de uma nação soberana. Entrou, então, a duquesa de Kent. A duquesa de Kent, que representava a rainha da Inglaterra, não mais exercia qualquer autoridade. Na noite anterior, ela era a autoridade oficial e porta-voz da rainha; exercia, portanto, o poder por trás da Coroa na Costa do Ouro. Mas agora é Gana, agora é uma nova nação, e ela é apenas uma visitante oficial como M.L. King, e Ralph Bunche, e Coretta King, e todos os outros, porque essa é uma nova nação. Uma nova Gana nasceu. E agora Nkrumah é o líder dessa grande nação. E ao passar pelas ruas da cidade, após a abertura do Parlamento, o povo reunido o aclamava: "Viva Nkrumah!" O nome de Nkrumah era ovacionado por toda a cidade, todos gritavam o seu nome, pois sabiam que ele sofrera por eles, que se sacrificara por eles, que fora para a prisão por eles. Esse era o nascimento de uma nova nação. Essa nação se libertou do Egito e cruzou o mar Vermelho. Agora enfrentará o seu deserto. Como toda saída do Egito, há um deserto à frente. Há um problema de adaptação. Nkrumah tem consciência disso. Esse deserto sempre esteve a sua frente. Basta lembrarmos que o país depende da monocultura, basicamente do cacau. Sessenta por cento do cacau produzido no mundo vêm da Costa do Ouro, ou melhor, de Gana. E, a fim de tornar o sistema econômico mais estável, é necessária a industrialização. O cacau é muito instável para ser a base de toda uma economia, então há a necessidade da industrialização. Nkrumah me disse que uma das primeiras coisas que fará é promover a industrialização.

Ele também planeja promover a melhoria ampla do nível cultural da comunidade. Noventa por cento da população ainda são analfabetos, e é necessário aumentar o nível cultural da comunidade para tornar possível o seu desenvolvimento em um mundo livre. Sim, há um deserto à frente, embora minha esperança seja de que pessoas, vindas da América, imigrarão para a África, para a Costa do Ouro, para emprestar-lhes o seu conhecimento técnico, pois há grandes carências e valiosas oportunidades por ali. Este é o momento para que os negros americanos possam colocar o seu conhecimento técnico a serviço de uma nova nação. Fiquei muito feliz ao ver as pessoas que já se mudaram para lá e estão bem. Lá está o dr. Jones, filho do ex-presidente do Bennett College, que inaugurou uma companhia de seguros e está indo muito, muito bem. Um médico do Brooklyn, Nova York, que chegara naquela mesma semana, e sua mulher, também dentista, vivem agora por lá, trabalhando, e as pessoas os adoram. Haverá centenas e milhares de pessoas, estou certo, que para lá irão a fim de contribuir para o crescimento dessa nova nação. E Nkrumah deixou claro para mim que receberia de braços abertos todos que para lá imigrarem e que desejem viver ali. Agora não pensem que, porque eles têm 5 milhões de habitantes, a nação não pode crescer, que ela é uma pequena nação a ser menosprezada. Não esqueçam que quando a América nasceu, em 1776, quando recebeu a sua independência do Império Britânico, havia pouco menos de 4 milhões de pessoas na América, e hoje são mais de 160 milhões. Por isso jamais subestimem uma população porque ela é pequena agora. Quando nasceu, a América era menor do que Gana.

Há um dia grandioso adiante. O futuro está ao lado de Gana. Eles agora atravessam o deserto, mas adiante está a Terra Prometida.

E eu gostaria de tomar mais alguns minutos, antes de finalizar, para dizer três ou quatro coisas que Gana nos faz lembrar e nos ensina – coisas que não devemos esquecer enquanto nós próprios nos libertamos do Egito maldito, na tentativa de atravessar o deserto em direção à Terra Prometida da integração cultural: Gana tem algo a nos ensinar. Diz que, em primeiro lugar, o opressor nunca concede voluntariamente a liberdade ao oprimido. Temos que lutar por ela. E se Nkrumah e o povo da Costa do Ouro não se levantassem e resistissem, rebelando-se contra o sistema, ainda viveriam como uma colônia do Império Britânico. A liberdade jamais é concedida, pois o opressor deseja manter o seu domínio, e jamais abre mão desse domínio voluntariamente. E aí entra a resistência. As classes privilegiadas nunca abrem mão de seus privilégios sem a resistência.

Por isso, não saiam daqui nesta manhã cheios de ilusão. Não voltem para casa e para os arredores de Montgomery acreditando que o Conselho Municipal de Montgomery e que todas as forças que lideram o Sul finalmente resolverão as coisas para os negros, que tudo se resolverá de acordo com a inevitável roda do destino. Se esperarmos, isso jamais se resolverá. A liberdade só virá com a contínua revolta, com a contínua mobilização, com o contínuo questionamento desse sistema diabólico. O boicote aos ônibus é apenas o começo. E não esperem sentados nem se acomodem, só porque agora os ônibus estão integrados, pois, se vocês pararem agora, permaneceremos por mais cem anos no cativeiro da segregação e da discriminação, e nossos filhos e os filhos de nossos filhos sofrerão toda a opressão que vivemos por tantos anos. A conquista da liberdade não é espontânea. Devemos persistir a fim de conquistá-la. Não vem facilmente. Seríamos afortunados se os detentores do poder tivessem bom senso bastante para abrir mão desse poder, mas eles não agem assim. Isso não acontece voluntariamente, mas sim com a pressão por parte daqueles que são oprimidos.

Se Gandhi não houvesse existido na Índia com todos os seus nobres seguidores, a Índia jamais seria livre. Se não houvesse um Nkrumah e os seus seguidores em Gana, Gana ainda seria uma colônia britânica. Se não houvesse os abolicionistas na América, brancos e negros igualmente, ainda estaríamos no cativeiro da escravidão. E então porque houve, em cada período, há sempre aquelas pessoas em cada período da história da humanidade que não se importam de terem os seus pescoços cortados, que não se importam de serem perseguidos, discriminados e chutados, porque sabem que a liberdade jamais é concedida, mas vem da contínua mobilização e de persistente revolta por parte daqueles que estão presos ao sistema. Gana nos ensina isso.

Diz algo mais. Faz-nos lembrar do fato de que uma nação ou um povo pode romper sem violência os laços da opressão. Nkrumah diz nas primeiras duas páginas de sua autobiografia, que foi publicada em 6 de março – um grande livro que vocês deveriam ler –, diz que estudou os sistemas dos filósofos sociais e passou a estudar a vida de Gandhi e seus modos. E disse que, no começo, não percebia como poderiam livrar-se do colonialismo sem uma rebelião armada, sem levantes, sem exércitos e munição. Então diz que, à medida que estudava a vida e os modos de Gandhi, vislumbrou que a única forma de lutar era por meio de uma ação positiva de não violência. E ele chamou o seu programa de "ação positiva". Isso é algo maravilhoso, não é? Que agora haja uma nação livre, e que é livre sem levantar-se em armas e sem munição. É livre por meios não violentos. Por isso o Império Britânico não guardará mágoa de Gana como guarda da China, por assim dizer. Por isso, quando o Império Britânico deixar Gana, deixará com uma atitude diferente daquela que teria se fosse expulso pelas armas. Devemos nos rebelar de tal modo que, encerrada a rebelião, possamos viver com os outros povos como irmãos e irmãs. Nosso objetivo nunca deve ser derrotá-los nem humilhá-los.

Na noite do baile da independência, conversando com algumas pessoas, Mordecai Johnson chamou-me a atenção para o fato de que o primeiro-ministro Kwame Nkrumah dançava com a duquesa de Kent. E eu disse: "Isso não é maravilhoso? Aqui está o ex-servo, o ex-escravo, agora dançando com o senhor em pé de igualdade." E assim é, porque não há mágoa. Essas duas nações poderão conviver e trabalhar juntas, porque a libertação foi feita por meio da não violência e não pela violência.

A consequência da não violência é a criação de uma comunidade amada. A consequência da não violência é a redenção. A consequência da não violência é a reconciliação. A consequência da violência, no entanto, é o vazio e a mágoa. É com isso que me preocupo. Lutemos com paixão e sem descanso, pelos objetivos de justiça e de paz, mas tenhamos certeza de que, nesta luta, as nossas mãos permaneçam limpas. Jamais lutemos com falsidade e violência, ódio e malícia, de tal modo que, quando vier o dia em que os muros da segregação tenham sido completamente desmoronados em Montgomery, possamos viver todos como irmãos e irmãs. Ah, meus amigos, o nosso objetivo não deve ser derrotar Engelhardt, nem derrotar Sellers, Gayle ou Parks. O nosso objetivo deve ser derrotar o mal que eles representam. O nosso objetivo deve ser conquistar a amizade de todos esses homens: Gayle, Sellers e Engelhardt. Devemos chegar a ponto de perceber que o nosso objetivo final é viver ao lado de todos os homens, como irmãos e irmãs, sob a graça de Deus, e não ser os seus inimigos ou qualquer coisa que venha com esse tipo de relação. E essa é uma das coisas que Gana nos ensina: que você pode se libertar do mal pela não violência, pela ausência de mágoa. Nkrumah diz em seu livro: "Quando saí da prisão, não tinha mágoa em relação à Inglaterra. Saí simplesmente com a determinação de libertar o meu povo do colonialismo e do imperialismo que lhes foram impostos pela Inglaterra. Mas saí sem qualquer mágoa." E, por isso, o mundo será um lugar melhor para viver.

Gana nos traz ainda outra lembrança. E agora me aproximo do fim. Gana nos lembra que a liberdade nunca vem numa bandeja de prata. Nunca é tão fácil. Gana nos lembra que sempre que nos retirarmos do Egito, é melhor estarmos preparados para sofrer na carne. É melhor nos prepararmos para atentados contra as nossas casas. É melhor nos prepararmos para atentados contra as nossas igrejas. É melhor nos prepararmos para ouvir coisas horríveis a nosso respeito, simplesmente porque deixamos o Egito, e, sempre que nos retirarmos do Egito, a primeira resposta dos egípcios é a mágoa. A liberdade nunca é fácil. Vem com a dificuldade e a persistência da vida. Gana nos lembra disso. É melhor nos prepararmos para a prisão. Quando olhei e vi, ali naquela noite, o primeiro-ministro com o gorro da prisão, isso me lembrou que a liberdade nunca vem com facilidade. Exige trabalho duro, exige um esforço incomum. Horas de desespero e desapontamento a acompanham.

É assim que as coisas são. Não há coroa sem uma cruz. Gostaria que pudéssemos chegar à Páscoa sem passar pela Sexta-Feira Santa, mas a história nos diz que devemos passar pela Sexta-Feira Santa antes de chegar à Páscoa. Essa é a longa história da liberdade, não é? Antes de chegar a Canaã, precisamos enfrentar um mar Vermelho. Precisamos enfrentar o coração endurecido de um faraó. Precisamos enfrentar as prodigiosas montanhas do mal. E, ao chegarmos à Terra Prometida, ainda enfrentaremos os gigantes que a habitam. A beleza disso tudo é que algumas pessoas já estiveram por lá. Examinaram-na o suficiente para dizer: "Embora os gigantes estejam lá, podemos ocupá-la, porque temos a fibra que nos faz erguer diante de qualquer coisa que tenhamos de enfrentar."

A estrada para a liberdade é uma estrada difícil e dura, que implica sempre recuos temporários. E aqueles que dizem que hoje há mais tensão em Montgomery do que havia antes estão dizendo a verdade. Sempre que se abandona o Egito, enfrenta-se um pouco de tensão, enfrentam-se alguns recuos temporários. Se não os enfrentarmos, jamais sairemos do Egito. Vocês devem lembrar que o período desprovido de tensões, do qual gostamos de lembrar, era um período em que o negro se ajustava de forma complacente à segregação, à discriminação, ao insulto e à exploração. E o período de tensão é o período em que o negro decidiu levantar-se e libertar-se. E essa é a paz que estamos procurando: não uma paz antiga, negativa e ofensiva que é meramente a ausência de tensão, mas uma paz positiva e duradoura, que é a presença da fraternidade e da justiça. E que nunca é conquistada sem esse período temporário de tensão.

A estrada para a liberdade é difícil, mas, no fim, Gana nos diz que as forças do Universo estão do lado da justiça. É isso o que Gana nos diz, neste momento. Pode-se interpretar da maneira que se desejar, mas Gana nos diz que as forças do Universo estão do lado da justiça. Na noite em que vi a velha bandeira sendo arriada e a nova bandeira, elevada, vi algo mais. Aquilo não era apenas um evento efêmero e evanescente que surgia no palco da história, mas um evento de eterno significado, porque simboliza algo. Para mim, esse fato significa que uma velha ordem está desaparecendo e uma nova ordem está nascendo. Uma velha ordem de colonialismo, de segregação, de discriminação está desaparecendo e uma nova ordem de justiça, liberdade e boa vontade está nascendo. É isto o que diz: que de alguma forma o Universo está do lado das forças da justiça e que não se pode, no fim das contas, tripudiar dos filhos de Deus e disso se beneficiar.

Desejo voltar a Montgomery, mas preciso parar em Londres por um momento, Londres me lembra algo. Nunca esquecerei o dia em que fui a Londres. No dia seguinte, começamos a circular por essa grande cidade, a única cidade no mundo que é tão grande quanto Nova York. Mais de 8 milhões de habitantes em Londres, cerca de 8,3 milhões; Nova York tem cerca de 8,5 milhões. No entanto, Londres tem uma área maior do que Nova York. Londres é um cenário impressionante. E nunca esquecerei a experiência que tive, os pensamentos que me vieram à cabeça. Fomos ao Palácio de Buckingham, e lá contemplei toda a Inglaterra, toda a pompa e a circunstância da realeza. E pensei em todos os reis e rainhas que por ali passaram. Contemplei a beleza da troca da guarda e todos os soldados com os seus belos cavalos. Que bela visão. Vá adiante até o Parlamento. Visite a Câmara dos Lordes e a Câmara dos Comuns. Lá, diante do mundo com toda a sua beleza, está uma das mais belas paisagens da Terra.

Lembro, então, que seguimos até a Abadia de Westminster. E ao entrar nessa igreja grandiosa, nessa grandiosa catedral, sede da Igreja Anglicana, pensei em muitas coisas. Conhecemos o local e visitamos os túmulos dos reis e das rainhas ali sepultados. A maior parte dos reis e das rainhas da Inglaterra está sepultada exatamente ali na Abadia de Westminster. Circulei pelo local. Por um lado, gostei de tudo e apreciei a grandiosa arquitetura gótica dessa imensa catedral. Fiquei ali respeitosamente pensando na grandeza de Deus e na vã tentativa do homem de igualar-se a Deus. E pensei algo mais – pensei na Igreja Anglicana. Minha mente voltou ao Palácio de Buckingham, e eu disse que aquele era um símbolo de um sistema agonizante. Houve um dia em que reis e rainhas da Inglaterra podiam se vangloriar de que o sol jamais se punha no Império Britânico, um dia em que esse império ocupou uma grande porção da Austrália e do Canadá. Houve um dia em que se estendeu sobre a maior parte da China, a maior parte da África e toda a Índia. Comecei a pensar nesse império. Comecei a pensar no fato de que um dia a Coroa se estendeu sobre a Índia. Mahatma Gandhi ergueu-se, tentando por todos os meios conquistar a liberdade para o seu povo. A Inglaterra jamais se curvou. Decidiu que fincaria o pé e manteria a Índia humilhada e submissa por muitos e muitos anos. Lembro que passamos pelo número 10 da Downing Street. Esse é o endereço do primeiro-ministro da Inglaterra. E lembro que alguns anos atrás ali morava um homem chamado Winston Churchill, que se apresentou um dia diante do mundo e disse: "Não me tornei primeiro-ministro de Sua Majestade para presidir a liquidação do Império Britânico."

E pensei no fato de que algumas semanas antes um homem chamado Anthony Eden morava ali. E, com todo o seu conhecimento sobre o Oriente Médio, decidiu convocar o seu exército e marchar, ao lado de Israel e da França, sobre o Egito. Ali eles se defrontaram com a sua perdição, pois se rebelaram contra a opinião mundial. O Egito, um pequeno país. O Egito, um país sem qualquer força militar. Eles poderiam facilmente derrotar o Egito, mas não perceberam que combatiam mais do que o Egito. Eles atacavam a opinião pública mundial; lutavam contra todo o bloco afro-asiático, que é o bloco que agora pensa, orienta e determina o curso da história do mundo.

Pensei em muitas coisas. Pensei no fato de que o Império Britânico explorou a Índia. Pensem nisso! Uma nação com 400 milhões de habitantes, e a Inglaterra a explorou tanto que – desses 400 milhões – 350 milhões de habitantes têm uma renda anual abaixo de 50 dólares. Vinte e cinco dólares são usados para pagamentos de impostos e coisas afins. Pensei na África negra e em como as pessoas ali, se ganham 100 dólares por ano, já acreditam que vivem muito bem. Dois *shillings* por dia – 1 *shilling* corresponde a 14 centavos de dólar –, 2 *shillings*, 28 centavos: este é um bom salário. Tudo isso por causa da dominação do Império Britânico.

Todas essas coisas me vieram à lembrança, e quando eu fiquei ali na Abadia de Westminster com toda aquela beleza, pensei em todos os hinos e salmos maravilhosos que ali se entoam. E, no entanto, a Igreja da

Inglaterra nunca se posicionou contra esse sistema. A Igreja da Inglaterra sancionou esse sistema. A Igreja da Inglaterra deu estatura moral a esse sistema. Toda a exploração perpetrada pelo Império Britânico foi sancionada pela Igreja Anglicana.

Mas algo mais me veio à lembrança: Deus intervém mesmo quando a Igreja não se manifesta. Deus inseriu um princípio neste Universo. Deus disse que todos os homens devem respeitar a dignidade e valorizar cada personalidade humana: "E, se não fizerem isso, assumirei o controle." Parece que nesta manhã posso ouvir a voz de Deus. Posso ouvi-lo falando através do Universo: "Aquietem-se e reconheçam que Eu sou Deus, que, se não Me obedecerem, se não se corrigirem, se não pararem de explorar outros povos, eu Me erguerei e quebrarei a espinha dorsal do seu poder, até que não haja mais poder!" E não há mais o poder da Grã-Bretanha. Olhei para a França. Olhei para a Inglaterra. E pensei na Inglaterra que podia se vangloriar: "O sol nunca se põe em nosso grande império." E, como eu disse agora, chegara um momento em que o sol dificilmente nascia no Império Britânico. Porque tinha como fundamento a exploração, porque o Deus do Universo finalmente tomou partido.

E nesta manhã lhes digo, meus amigos, levantem-se e saibam que, quando vocês lutam por justiça, não lutam sozinhos, pois Deus luta com vocês. E Ele trabalha todos os dias. De certo modo, posso ver, posso ver além dos mares e além do Universo, e gritar: "Meus olhos viram a glória da vinda do Senhor, que avança sobre os campos das vinhas do rancor." E então pensei que, como a Sua verdade está a caminho, posso cantar o refrão: "Glória, glória, aleluia! Vencendo, vem Jesus."

E assim mais uma vez ouço Isaías, que tanto significa para mim, afirmar que "um dia todo vale será alteado e toda colina, abaixada; que o áspero será plano e o torto, direito; que se revelará a glória do Senhor e, juntas, todas as criaturas a apreciarão".

Aí está a beleza disso: juntas, todas as criaturas a apreciarão. Não as de Park Street ou as dos porões dos cortiços. Não aquelas dos pináculos do Império Britânico ou dos sombrios desertos da África. Não as de fútil e exagerada riqueza ou as de abjeta e vil pobreza. Não as brancas, nem as negras, nem as amarelas, nem as pardas – mas, juntas, todas as criaturas. Apreciarão em Montgomery. Apreciarão em Nova York. Apreciarão em Gana. Apreciarão na China.

Assim posso estender a vista e ver, como João, uma grande multidão marchando para a grandiosa eternidade, porque Deus está trabalhando neste mundo, e nesta hora, e neste momento. E Deus permite que nós embarquemos e marchemos com Ele, pois agora temos ordens para romper o cativeiro e as muralhas do colonialismo, da exploração e do imperialismo, para rompê-las até que nenhum homem pisoteie outro homem, que todos os homens respeitem a dignidade e o valor de cada personalidade humana. E então estaremos em Canaã, a terra da liberdade.

Moisés talvez não alcance Canaã, mas os seus filhos a alcançarão. Ele chegou ao alto da montanha a ponto de contemplar a terra e assegurar-se de que estava próxima. Mas a beleza disso tudo está no fato de que há sempre um Josué para tomar a si o trabalho e levar consigo os seus filhos. E a terra está lá, à espera, com o seu leite e o seu mel, e com toda a abundante beleza que Deus guardou para os Seus filhos. Ah, que coisas surpreendentemente maravilhosas Deus reservou para nós. Tomara nós O sigamos para alcançá-las.

Oh, Deus, misericordioso Pai do Céu, ajude-nos a ver as revelações que vêm dessa nova nação. Ajude-nos a segui-Lo e a toda a Sua criação neste mundo, e que de algum modo descubramos que fomos feitos para viver juntos como irmãos e que isso ocorrerá nesta geração: o dia em que todos os homens reconhecerão a paternidade de Deus e a fraternidade entre os homens. Amém.

*Proferido na igreja batista da avenida Dexter, em Montgomery, Alabama, em 7 de abril de 1957*

# Deixem-nos votar

# Apresentação

*Walter E. Fauntroy*

Em 17 de maio de 1957, a Associação Nacional pelo Avanço do Povo Negro (*National Association for the Advancement of Colored People* – NAACP, na sigla em inglês) organizou a Peregrinação pela Liberdade no Lincoln Memorial para comemorar o terceiro aniversário da histórica decisão da Suprema Corte que derrubara a política de segregação racial nas escolas públicas do país. Nascido em Washington, D.C., e finalizando o primeiro ano na Yale Divinity School, testemunhei o belo dia de primavera em que Martin Luther King externou ao mundo a sua profunda compreensão do processo político de nossa democracia.

Como diretor do escritório da Conferência da Liderança Cristã do Sul (SCLC), em Washington, tive a honra de trabalhar com Luther King ao longo de oito anos. De todo esse tempo, guardo até hoje as duas definições de política que Luther King me ensinou e que, desde então, orientam as minhas ações, tanto nas ruas da América quanto nos corredores do Congresso dos Estados Unidos.

Em primeiro lugar, política é o processo democrático de criação de leis a partir de nossas convicções. Em segundo lugar, política é o processo de determinação das ações – o quê, quem, como, onde e quando – a serem implementadas em cinco áreas: emprego, educação, saúde, moradia e justiça.

Luther King percebeu que, nos 11 estados sulistas, a segregação racial sancionada pelos estados transformara-se em política pública que negava, ruidosa e brutalmente, a milhões de cidadãos afro-americanos do Sul, o direito ao voto. Aqueles que *efetivamente* votavam viam as suas convicções – de que todas as pessoas *não* são criadas iguais – traduzidas numa política pública que oferecia menos emprego, educação, saúde, moradia e justiça aos afro-americanos.

Na iluminada primavera de 1957, num momento em que os ativistas dos direitos civis concentravam-se na eficácia das ações na justiça, nos oratórios e nas ruas da América, Luther King apontou as *cabines eleitorais* como o caminho para uma ação mais eficaz. Se formos às urnas para votar, disse ele, poderemos eleger pessoas que entendam as nossas convicções, criem políticas públicas e atuem de acordo com esse entendimento. O voto nos dá o poder para direcionar as ações naquelas cinco áreas essenciais à vida.

"*Deixem-nos votar*", clamava.

Graças a Deus, mais de quatro décadas depois de Luther King apontar para as cabines eleitorais, vemos que, neste particular, a sua sabedoria deu frutos. Gosto de acreditar que, do alto da escadaria do Lincoln Memorial, ele visualizava um dia em que – com mais 4 milhões de novos eleitores negros do Sul – o número de representantes negros eleitos se elevaria de apenas 600 em toda a nação para mais de 8 mil. Um dia em que teríamos quase 40 negros no Congresso Nacional e em que os afro-americanos ocupariam cadeiras, no gabinete presidencial, tais como as de secretário do Comércio, da Agricultura, da Energia, do Transporte, do Trabalho e das Forças Armadas.

Nossa, que visão! Este poderoso e visionário discurso suscita algo mais: uma visão – desta vez sobre o que podemos fazer na arena política deste século XXI – que traga "a boa-nova aos humildes, que cure os contritos e liberte os prisioneiros". E, para torná-la realidade, precisamos simplesmente lançar mão do voto, que o trabalho de Martin Luther King tornou tão poderoso. Então, e apenas então, poderemos prosseguir, a fim de transformar, com as nossas ações, o outrora impossível sonho de Luther King em realidade.

*Walter E. Fauntroy* dirigiu o escritório da Conferência da Liderança Cristã do Sul em Washington, D.C., e ajudou a organizar em 28 de agosto de 1963 a Marcha sobre Washington por Trabalho e Liberdade. Em 1971, tornou-se o primeiro deputado negro do distrito de Columbia a ser eleito para o Congresso Nacional em cem anos. Atualmente é presidente do Fórum Nacional da Liderança Negra.

*Sr. presidente, distintos colegas da mesa,* caros compatriotas: há três anos a Suprema Corte desta nação apresentou, em linguagem simples, eloquente e inequívoca, uma decisão que por muito tempo ficará gravada na memória das futuras gerações. Para todos os homens de boa vontade, a decisão desse 17 de maio veio como uma radiante aurora para pôr fim à longa noite do cativeiro humano. Veio como um grandioso farol de esperança para milhões de deserdados pelo mundo afora que ousaram simplesmente sonhar com a liberdade.

Infelizmente, essa nobre e sublime decisão não se fez sem oposição, que, muitas vezes, alcançou aterradoras proporções. Muitos estados assumiram uma postura francamente desafiadora. Nas assembleias legislativas do Sul, ressoam palavras como "intervenção" e "anulação".

E, além disso, todos os métodos conspiratórios estão sendo utilizados para impedir que os negros se registrem como eleitores. A negação desse direito sagrado é uma trágica traição aos mais altos princípios de nossa tradição democrática. E, assim, o nosso pedido mais urgente ao presidente dos Estados Unidos e a cada membro do Congresso é que nos deem o direito de votar (*Sim*).

Deixem-nos votar, e não mais importunaremos o governo federal para falar de nossos direitos básicos.

Deixem-nos votar, e não mais imploraremos ao governo federal pela promulgação de uma lei antilinchamento; com a força de nosso voto, inscreveremos essa lei nas leis do Sul e acabaremos com os atos covardes dos encapuzados que disseminam a violência.

Deixem-nos votar (*Deixem-nos votar*), e transformaremos as más ações visíveis de multidões sanguinárias na calculada boa ação de pacatos cidadãos.

Deixem-nos votar (*Deixem-nos votar*), e encheremos as assembleias legislativas com homens de boa vontade e enviaremos às câmaras sagradas do Congresso homens que, devotos do manifesto da justiça, jamais assinarão um "Manifesto Sulista".[11]

Deixem-nos votar (*Sim*), e colocaremos, nos tribunais do Sul, juízes que atuarão com justiça e amarão a misericórdia, e colocaremos, à frente dos estados sulistas, governadores que experimentaram não só a amargura dos homens, mas o ardor de Deus.

Deixem-nos votar (*Sim*), e implementaremos com calma e não violência, sem rancor ou ressentimento, a decisão da Suprema Corte de 17 de maio de 1954 (*Isso mesmo*).

Neste momento decisivo da história de nossa nação, precisamos com urgência de uma liderança corajosa e dedicada. Se desejamos solucionar os problemas futuros e tornar a justiça racial uma realidade, essa liderança deve ser quadruplicada.

Em primeiro lugar, precisamos de uma liderança forte e agressiva por parte do governo federal. Até agora, apenas o Poder Judiciário mostrou-se capaz de exercer essa liderança. Se os Poderes Executivo e Legislativo estivessem tão preocupados com a proteção dos direitos dos cidadãos quanto os tribunais federais, então a transição de uma sociedade segregacionista para uma integracionista seria infinitamente mais suave. Mas, com essa preocupação, muitas vezes olhamos para Washington em vão. Em meio a um trágico colapso da lei e da ordem, o Poder Executivo federal permanece demasiadamente silencioso e apático. Em meio à desesperadora necessidade de uma legislação dos direitos civis, o Poder Legislativo permanece demasiadamente estagnado e dissimulado.

Essa carência de liderança positiva por parte do governo federal não se restringe a um determinado partido político. Ambos os partidos traíram a causa da justiça (*Oh, sim*). Os democratas a traíram ao capitularem diante dos preconceitos e das práticas antidemocráticas dos *dixiecratas*.[12] Os republicanos a traíram ao capitular diante da grosseira hipocrisia dos conservadores do Norte. Frequentemente, esses homens têm uma alta pressão sanguínea verbal e uma anemia de ações.

Em meio às condições que hoje prevalecem, vimos a Washington reivindicar ao presidente e aos membros do Congresso que exerçam nesta situação – da qual não podem reiteradamente evadir-se – uma liderança vigorosa, moral e corajosa. Vimos humildemente para dizer aos homens que encabeçam o nosso governo que o tema dos direitos civis não é um tema doméstico, efêmero e passageiro, que possa ser deixado de lado pelos reacionários guardiões do *statu quo*; é, na realidade, um eterno tema moral que pode muito bem determinar o destino de nossa nação (*Sim*), na luta ideológica contra o comunismo. Já é tarde. Corre o relógio do destino. Precisamos agir agora, antes que seja tarde demais.

Em segundo lugar, precisamos de uma liderança forte por parte dos liberais brancos do Norte. Hoje há uma necessidade premente de um liberalismo que seja verdadeiramente liberal. O que estamos testemunhando atualmente, em tantas cidades do Norte, é um tipo de pseudoliberalismo que se baseia no princípio de encarar todos os lados com simpatia. É um liberalismo tão inclinado a contemplar todos os lados, que se torna incapaz de qualquer comprometimento. É um liberalismo tão objetivamente analítico que não é subjetivamente comprometido. É um liberalismo que não é quente nem frio, mas morno (*Isso mesmo*). Clamamos por um liberalismo vindo do Norte que se comprometa profundamente com o ideal de justiça social e que não seja dissuadido pela propaganda e pelas palavras sutis daqueles que dizem: "Vamos com calma; não precisamos de tanta pressa."

Os moderados do Sul branco são a terceira fonte da qual esperamos uma liderança forte. Infelizmente, neste momento, a liderança do Sul branco brota da mente fechada dos reacionários. Estas pessoas ganham importância e poder com a disseminação de falsas ideias e o apelo deliberado aos mais profundos instintos do ódio na mente humana. Acredito piamente que esses cabeças-duras, reacionários e relutantes são em pequeno número. Há, no Sul branco, mais moderados dispostos a abrir as suas cabeças do que imaginamos. Essas pessoas estão hoje em silêncio porque temem represálias sociais, políticas e econômicas. Permita Deus que os moderados brancos do Sul se ergam, com coragem e sem temor, e assumam a liderança neste tenso período de transição.

Não posso concluir sem salientar a urgente necessidade de uma liderança forte, corajosa e inteligente por parte da comunidade negra. Precisamos de uma liderança serena, mas decidida. Agora não é o momento para agitadores, negros ou brancos (*Isso mesmo*). Precisamos reconhecer que combatemos o mais penoso problema social do país, e, ao combater um problema tão complexo como esse, não há lugar para sentimentalismos enganadores. Devemos trabalhar apaixonada e continuadamente pela liberdade; mas devemos ter certeza de que, no decorrer da luta, não sujaremos as nossas mãos. Não devemos lutar com falsidade, ódio ou malícia. Nem devemos guardar mágoas. Sei como nos sentimos às vezes. Há o perigo de alguns de nós, que tanto tempo fomos forçados a permanecer no meio de uma trágica noite de opressão – aqueles de nós que fomos pisoteados, aqueles de nós que fomos esmagados –, há o perigo de sermos tomados pela mágoa. Mas se nos abrirmos à mágoa e cedermos a uma campanha de ódio, a nova ordem que surge nada será além da reprodução da velha ordem.

Enfrentemos o ódio com amor. Enfrentemos a força física com a força da alma (*Sim*). Há ainda uma voz clamando através dos tempos: "Amai os vossos inimigos, abençoai os que vos amaldiçoam, e orai pelos que vos ultrajam e vos perseguem." Então, e apenas então, poderemos nos matricular na universidade da vida eterna. Essa mesma voz clama em termos que se elevam a proporções cósmicas: "Quem vive pela espada, pela espada morrerá" (*Sim, Senhor*). E a história está repleta de ruínas das nações que falharam ao não seguir essa lei. Devemos seguir a não violência e o amor (*Sim, Senhor*).

Mas não estou falando de um tipo de amor sentimental e superficial. Não estou falando de Eros, que é uma espécie de amor estético e romântico. Também não falo de Philia, que é uma espécie de afeição íntima entre amigos pessoais. Estou falando de Ágape (*Sim, Senhor*). Estou falando do amor de Deus nos corações dos homens (*Sim*). Estou falando de um tipo de amor que nos fará amar o pecador ao mesmo tempo em que odiamos o pecado cometido. Amemos.

Há ainda um outro sinal de alerta. Falamos bastante sobre os nossos direitos, e isso é justo. Proclamamos com orgulho que ¾ da população mundial são formados por pessoas de cor. Temos o privilégio de observar em nossa geração o grande drama da libertação e da independência, como se revela na Ásia e na África. Tudo está de acordo com o trabalho revelador da Providência. Mas devemos assegurar que aceitamos isso com a atitude correta. Não devemos procurar usar a nossa emergente liberdade e o nosso crescente poder para fazer à minoria branca o mesmo que ela nos fez ao longo de tantos séculos (*Sim*). Nosso objetivo não deve ser derrotar ou humilhar o branco. Não devemos nos tornar vítimas de uma filosofia da supremacia negra. Deus não está interessado em libertar apenas o negro, o pardo e o amarelo, pois Deus está interessado em libertar toda a raça humana. Devemos trabalhar com determinação para criar uma sociedade, não uma na qual o negro seja superior e os outros homens, inferiores – e vice-versa –, mas uma sociedade na qual todos os homens vivam igualmente como irmãos (*Sim*) e respeitem a dignidade e o valor da personalidade humana (*Sim*).

Devemos também fugir à tentação de sermos oprimidos por uma psicologia dos vitoriosos. Obtivemos vitórias maravilhosas. Por meio do trabalho da NAACP, realizamos algumas das mais impressionantes conquistas desta geração. E venho nesta tarde tão somente para expressar o meu apreço por essa grande organização, pelo trabalho já feito e pelo que ainda há por fazer. E embora viva na ilegalidade, tanto no Alabama quanto em outros estados, é inegável que essa organização fez mais pela conquista dos direitos civis dos negros do que qualquer outra organização. Com certeza, isso é bom.

Não devemos, no entanto, ficar satisfeitos com uma vitória no tribunal sobre os nossos irmãos brancos. Diante de cada decisão, devemos compreender aqueles que se nos opuseram e considerar os difíceis ajustes que essas decisões judiciais lhes impõem. Devemos agir de maneira tal a tornar possível a união de brancos e negros num alicerce de verdadeira harmonia de interesses e compreensão. Devemos buscar a integração com base no respeito mútuo.

Concluo dizendo que cada um de nós deve manter a fé no futuro. Não devemos nos desesperar. Precisamos perceber que, à medida que lutamos por justiça e liberdade, temos a companhia cósmica. Essa é a longa fé da tradição judaico-cristã: que Deus não é apenas algum "motor imóvel" aristotélico que simplesmente nos contempla. Não é meramente um Deus autoconsciente, mas um Deus que ama o outro (*Sim*), trabalhando eternamente pela história para estabelecer o Seu reino.

E aqueles de nós que invocam o nome de Jesus Cristo encontram, em nossa fé cristã, algo com a força de um evento que nos diz isso. Há algo em nossa fé que nos diz: "Jamais se desespere; jamais desista; jamais acredite que a causa da virtude e da justiça está condenada." Há algo no âmago de nossa fé cristã que nos diz que a Sexta-Feira Santa pode ocupar o trono por um dia, mas ao fim dará lugar ao triunfante rufar dos tambores da Páscoa. Há algo em nossa fé que diz que o mal pode dar forma a eventos, que César ocupará o palácio e Cristo, a cruz; mas um dia o mesmo Cristo erguer-se-á e dividirá a história em a.C e d.C., de tal forma que a própria vida de César será datada em Seu nome. Há algo neste Universo que justifica as palavras de Carlyle:[13] "Nenhuma mentira é eterna". Há algo no Universo que justifica as palavras de William Cullen Bryant:[14] "A verdade, esmagada contra a terra, novamente se erguerá". Há algo no Universo que justifica as palavras de James Russell Lowell:[15]

No cadafalso, a verdade;
No trono, sempre a injustiça.
Porém o nosso futuro
O cadafalso ilumina,
E vela Deus por Seus filhos
por trás das trevas infindas.

Saiam hoje com esta fé. Voltem hoje com esta fé para os seus lares no Sul. Voltem hoje com esta fé para a Filadélfia, para Nova York, para Detroit e Chicago: o Universo está ao nosso lado nesta luta. Lutem por justiça (*Sim*). Às vezes é duro, mas é sempre difícil abandonar o Egito, pois o mar Vermelho está sempre adiante com as suas dimensões assustadoras. E, mesmo depois que se cruza o mar Vermelho, é preciso atravessar um deserto com os prodigiosos montes do mal e as gigantescas montanhas da oposição. Mas nesta tarde lhes digo: continuem andando. Não diminuam o passo. Sigam com dignidade, e honra, e respeito.

Sei que isso às vezes poderá nos privar do descanso da noite. Poderá causar demissões; poderá causar sofrimento e sacrifício. Pode, até mesmo, causar a morte física de alguns. Mas se a morte física é o preço que alguns deverão pagar para libertar os seus filhos de uma permanente vida de morte psicológica, então nada poderá ser mais cristão. Sigam em frente hoje. Continuem a caminhar em meio aos obstáculos. Continuem a caminhar em meio às montanhas da oposição. Se caminharem com dignidade, quando os livros de história forem escritos no futuro, os historiadores deverão olhar para trás e dizer: "Ali viveu um grande povo. Um povo com 'negra face e carapinha' (*Sim*), mas um povo que injetou um novo significado nas veias da civilização; um povo que se ergueu com dignidade e honra, e salvou a civilização ocidental da escuridão profunda (*Sim*); um povo que ofereceu uma nova integridade e uma nova dimensão de amor a nossa civilização" (*Sim*). Quando isso ocorrer, juntas cantarão as estrelas da manhã e os filhos de Deus de júbilo bradarão [*Aplausos*].

*Proferido na Peregrinação pela Liberdade em Washington, D.C., em 17 de maio de 1957*

# Discurso no Comício pela Liberdade no Cobo Hall

# Apresentação
## *Aretha e Erma Franklin*

Em maio de 1963, tive o privilégio de acompanhar Mahalia Jackson e Dinah Washington no encerramento de um concerto beneficente, no Wringley Field de Chicago, em prol da campanha do Movimento pelos Direitos Civis de Birmingham, um dos muitos concertos em que estive ao lado de Martin Luther King.

Foi uma experiência maravilhosa para uma jovem cantora – tinha apenas 21 anos –, e fiquei entusiasmada com a oportunidade de contribuir para uma causa tão grande e nobre. Pouco depois, meu pai, o reverendo C.L. Franklin, um dos principais líderes religiosos e ativistas dos direitos civis de Detroit e do país, convidou Luther King para liderar uma marcha e participar de um comício em nossa cidade. Meu pai esperava que esse evento lançasse as bases para levar o Movimento local por Direitos Civis, o seu próprio movimento – a Comissão dos Direitos Civis de Detroit –, e a Conferência da Liderança Cristã do Sul a um nível mais elevado de consciência.

A marcha de Detroit, marcada para 23 de junho, culminaria, no centro da cidade, com um comício no Cobo Hall. O evento foi um estrondoso sucesso e a multidão estava tão entusiasmada que, a certa altura, Luther King, meu pai, Ben McFall, Walter Reuther e o prefeito Cavanaugh, de braços dados à frente da passeata, literalmente suavam da cabeça aos pés, à medida que a multidão, que somava cerca de 150 mil pessoas, aumentava ainda mais. Luther King chamou-a de a maior e mais grandiosa demonstração pela liberdade já realizada nos Estados Unidos.

Como filha de um pastor, eu escutara muitas discussões sobre a capacidade oratória de diferentes clérigos. Mas após o discurso de Luther King naquele dia no Cobo Hall alcançou-se um novo nível de eloquência.

Os livros de história afirmam que o pronunciamento daquele dia preparou o terreno para o discurso "Eu tenho um sonho", que Luther King apresentaria na grande Marcha sobre Washington no verão seguinte. Realmente, Luther King experimentou ali alguns dos temas e das imagens que usaria no Lincoln Memorial. Mas, naquele dia mágico, sabíamos que Detroit fora abençoada com uma maravilhosa visão de unidade e fraternidade, que jamais fora tão bem-articulada e organizada na América, e que, de certo modo, as coisas mudariam para melhor. Luther King começou agradecendo a meu pai e aos membros do Conselho dos Direitos Civis de Detroit presentes à marcha, a qual, segundo ele, serviria como fonte de inspiração para os amantes da liberdade desta nação. Ele convocou todos os participantes da marcha e líderes locais a se manterem fiéis à não violência.

A multidão vibrou no Cobo Hall quando Luther King disse que o recado dado pela recém-vitoriosa campanha de Birmingham era o de que estávamos cansados da segregação – agora, depois e sempre. Ele falou do despertar da consciência do negro americano engajado na luta pela igualdade de direitos. Como uma cantora que morava naquela que era então considerada indiscutivelmente a capital da música popular da América, apreciei em especial o momento em que Luther King assegurou de maneira bastante lírica que cada homem, do negro mais grave ao branco mais agudo, é importante no teclado do Senhor.

Luther King ofereceu a Detroit, em primeira mão, algumas imagens que mais tarde usaria em outros pronunciamentos – há ali muitas frases e metáforas que também se encontram no grandioso discurso "Eu tenho um sonho". Ele falou da força da alma e de como a resistência pela não violência transformaria as vergonhosas masmorras das prisões em abrigos de liberdade e dignidade humana. Falou ainda do caráter mais sutil do racismo do Norte e da futilidade do separatismo negro, e conclamou os participantes da marcha a acompanhá-lo até Washington, D.C., em 28 de agosto, para participar de outra marcha que defenderia a aprovação da Lei dos Direitos Civis.

O discurso de Luther King em Detroit, por si só, é uma obra-prima de oratória. Sei que todos os que lá estiveram e ouviram o som de sua voz no Cobo Hall guardaram, por meses a fio, com clareza na memória, a sua inspirada mensagem de esperança no futuro. Assim me acompanhem agora numa viagem ao passado, sabendo que os ensinamentos de Luther King sobre a verdade, a justiça, o amor e a igualdade são eternos e iluminarão o caminho para a libertação de toda a humanidade.

Deus abençoe esse Seu grandioso porta-voz.

*Aretha e Erma Franklin* são filhas de C.L. Franklin, um dos principais líderes religiosos e ativistas dos direitos civis de Detroit. Aretha iniciou a sua carreira como cantora *gospel* em igrejas e comícios de direitos civis e, mais tarde, seria conhecida como a "Rainha do *soul*". Em 1967, Luther King a exaltou como uma "firme e dedicada defensora" da causa da liberdade.

*Meu caro amigo reverendo C.L. Franklin,* diretores e membros do Conselho dos Direitos Humanos de Detroit, distintos colegas da mesa, senhoras e senhores: não poderia começar sem lhes falar da emoção que sinto nesta tarde e sem lhes contar a profunda alegria que me arrebata o coração ao me juntar a vocês nesta que considero a maior e mais grandiosa demonstração pela liberdade já realizada nos Estados Unidos. Posso assegurar-lhes que o que aconteceu aqui hoje servirá como fonte de inspiração para todos os amantes da liberdade desta nação.

Penso que há algo mais a ser dito, pois esta é uma magnífica demonstração de respeito à ordem. Com todos os milhares e centenas de milhares de pessoas que se engajaram hoje nesta demonstração, não houve sequer um registro de incidente violento. Penso que esta é uma demonstração magnífica do nosso compromisso com a não violência nesta luta pela liberdade por todos os Estados Unidos, e parabenizo os líderes desta comunidade por tornarem possível esse grandioso evento e por tornarem-no possível por meios tão pacíficos.

Há quase cem anos, em 22 de setembro de 1862, para ser exato, Abraham Lincoln, um grande e nobre americano, assinou uma lei que vigoraria a partir de 1º de janeiro de 1863. Esse decreto foi denominado Proclamação da Emancipação e serviu para libertar o negro do cativeiro da escravidão física. Cem anos depois, no entanto, o negro nos Estados Unidos da América ainda não é livre.

Mas agora, como nunca antes, a América é forçada a lidar com esse problema, pois o mundo de hoje não nos concede o luxo de uma democracia anêmica. O preço que esta nação deverá pagar pela contínua opressão e exploração do negro ou qualquer outra minoria será o preço de sua própria destruição. Já é tarde. Corre o relógio do destino, e precisamos agir agora, antes que seja tarde demais (*Sim*).

Os acontecimentos de Birmingham, Alabama, e das mais de 60 comunidades que, a exemplo de Birmingham, iniciaram movimentos de protestos indicam o fato de que agora o negro está determinado a ser livre (*Sim*). É evidente o que Birmingham tem a nos ensinar. Em primeiro lugar, revela que o negro não mais deseja aceitar a segregação racial em qualquer de suas dimensões. Pois chegamos à conclusão de que a segregação não é só sociologicamente indefensável e politicamente doentia, mas também moralmente errada e pecaminosa. A segregação é um câncer no corpo político que deve ser removido para que nossa saúde democrática seja restabelecida (*Sim*). A segregação é errada, porque nada mais é do que uma nova forma de escravidão, encoberta por certas nuances de complexidade. A segregação é errada, pois é um sistema de adultério, perpetuado por uma relação ilícita entre a injustiça e a imoralidade. E em Birmingham, Alabama, por todo o Sul e por toda a nação, simplesmente dizemos que não mais trocaremos o nosso direito inato à liberdade por uma porção do caldo da segregação (*Isso mesmo*). Na realidade, estamos cansados da segregação – agora, depois e sempre.

Mas Birmingham e a luta pela liberdade nos ensinam algo mais. Revelam que o negro tem um novo sentimento de dignidade e um novo sentimento de autoestima (*Sim*). Por anos – creio que todos concordaremos que provavelmente o efeito mais devastador da segregação é o que ela fez à alma tanto de quem segrega quanto de quem é segregado. A quem segrega, deu um falso sentimento de superioridade; a quem é segregado, um falso sentimento de inferioridade. E devido ao legado de escravidão e segregação, muitos negros perderam a fé em si mesmos e muitos acreditaram que eram inferiores.

Mas eis que algo aconteceu. Certas circunstâncias permitiram e exigiram uma maior mobilidade ao negro: a chegada do automóvel, a eclosão de duas guerras mundiais, a Grande Depressão. E, assim, a sua formação rural e agrícola gradualmente deu lugar a uma vida urbana e industrial. Até mesmo a sua vida econômica melhorou com o crescimento da indústria, a influência do trabalho regulamentado, a expansão das oportunidades educacionais. E até mesmo a sua vida cultural melhorou com o firme declínio do analfabetismo incapacitante. E todas essas forças unidas levaram o negro a ter um novo olhar sobre si mesmo. Massas de negros, massas de negros em toda parte se reavaliaram, e o negro passou a sentir que era alguém. Sua religião lhe revelou, sua religião lhe revelou que Deus ama todos os seus filhos, que todos os homens foram feitos à sua imagem e que, de um modo figurado, todo homem – do negro mais grave ao branco mais agudo – é importante no teclado do Senhor.

Assim, ao lado do eloquente poeta, o negro pode agora inconscientemente clamar:

Negra face e carapinha
Não revela privação.
Branca ou negra, a cor da pele,
Não difere o coração.
Serei grande se num passo
Desde um polo a outro for?

Meça um homem por sua alma,
Minha mente é meu valor.

No entanto, os acontecimentos que se alastram por toda a nação nos ensinam algo mais. Revelam que o negro e os brancos, que a ele se aliam, agora reconhecem a urgência do momento. Sei que ouvimos muitos clamores que dizem: "Tenham calma e paciência". Ainda ouvimos esses clamores. Eles nos dizem vezes sem fim que estamos indo rápido demais e que precisamos ter calma. Bem, a única resposta possível é dizer que, por muito tempo, agimos com calma, e é esse o perigo. Mas eles insistem: "É preciso pôr freios." A única resposta possível é dizer que agora o motor está girando, seguimos pela estrada da liberdade em direção à cidade da igualdade, e que não podemos parar agora, porque nossa nação tem um encontro marcado com o destino. Precisamos prosseguir.

Mas há outro clamor. Eles dizem: "Por que vocês não agem de modo gradual?" Bem, gradualismo é pouco mais que escapismo e acomodação, que resultam em inércia. Sabemos que nossos irmãos e irmãs na África e na Ásia viajam a jato em direção ao objetivo da independência política. E em algumas comunidades ainda seguimos a passo de cavalo em direção à conquista de um hambúrguer ou de uma xícara de café numa lanchonete.

E assim precisamos dizer: agora é a hora para tornar realidade as promessas da democracia. Agora é a hora para transformar esta pendente elegia nacional em um abençoado salmo de fraternidade. Agora é a hora de elevar a nossa nação. Agora é a hora de conduzir a nossa nação das areias movediças da injustiça racial até a sólida rocha da justiça racial. Agora é a hora para nos livrarmos da segregação e da discriminação. Agora é a hora.

E assim esta revolução social em andamento pode ser sintetizada em três pequenas palavras. Elas não são grandes, e não é necessário um vasto vocabulário para entendê-las. As palavras são "todos", "aqui" e "agora". Queremos *todos* os direitos, queremos *aqui* e queremos *agora*. Este é o caminho. Agora há algo mais que devemos observar sobre essa luta: em grande medida, ela é pautada pela não violência. Não permitam que alguém os faça acreditar que aqueles que se engajaram ou que ora se engajam nessas demonstrações, em comunidades espalhadas pelo Sul, estão recorrendo à violência; estes são um pequeno número. Pois vimos o poder da não violência. Vimos que esse não é um método fraco, pois forte é o homem que se levanta em meio à oposição, que se levanta em meio à violência que lhe infligem e que não revida com violência (*Sim*).

Vejam, esse método é capaz de desarmar o oponente. Ele expõe as suas defesas morais. Enfraquece a sua moral e, ao mesmo tempo, trabalha a sua consciência; e ele fica sem saber o que fazer. Se ele não nos espancar, ótimo. Mas se ele nos espancar, tenhamos a corajosa serenidade de aceitar os golpes sem revide. Ninguém em sã consciência gosta de ir para a prisão. Mas se ele nos prender, aceitemos a prisão e transformemos essa masmorra de vergonha em um abrigo de liberdade e dignidade humana. E mesmo que tente nos matar (*Não conseguirão matá-lo*), devemos nos apegar à convicção interior de que algumas coisas são tão caras, algumas coisas tão preciosas, algumas coisas são tão definitivamente verdadeiras, que vale a pena morrer por elas (*Sim*). E lhes digo que um homem, se não descobriu por que está disposto a morrer, não merece viver.

Esse método forjou maravilhas. Como resultado das Jornadas pela Liberdade,[16] a segregação em transportes públicos praticamente foi abolida no Sul. Como resultado do movimento de *sit-in*,[17] mais de 285 cidades do Sul agora têm atendimento integrado. Eu lhes digo: esse método é poderoso.

Penso que o método nos ajudará a prosseguir com a atitude correta em direção à nova era que está nascendo. Pois a não violência não apenas roga a seus seguidores que evitem a violência intrínseca do espírito. Roga que se engajem naquilo que chamamos de amor. E sei que, às vezes, é difícil. Mas, neste momento, quando digo "amor", não estou falando de um sentimento afetivo (*Isso mesmo*). Não faz sentido encorajar pessoas, pessoas oprimidas, a amar afetivamente os seus opressores. Estou falando de algo mais profundo. Estou falando de uma boa vontade – compreensiva, fecunda e redentora – em relação a todos os homens.

Percebemos agora – com a ajuda dos psiquiatras – que muitas coisas estranhas que acontecem no subconsciente, muitos conflitos internos, estão enraizados no ódio. E assim eles dizem: "Ame ou morra." Mas há muito mais tempo nos disse Jesus, e ainda posso ouvir-Lhe a voz, clamando através dos tempos: "Amai os vossos inimigos, abençoai os que vos amaldiçoam, e orai pelos que vos ultrajam e vos perseguem." E ainda outra voz se dirige a todos os possíveis Pedros: "Embainha a tua espada." A história está repleta de ruínas, a história está abarrotada com as ruínas das civilizações que falharam em seguir esse princípio. E não é maravilhoso ter um método de luta que torne possível enfrentar um sistema injusto, lutar intensamente contra ele, sem jamais aceitá-lo, nem se entregar, ao longo do caminho, à violência e ao ódio? Pois é o que temos.

Agora há uma nova e magnífica militância na comunidade negra de toda a nação. E a saúdo como um progresso maravilhoso. O negro americano está determinado a ser livre e suficientemente engajado para rebelar-se. Mas essa nova militância não nos deve levar a desconfiar de todos os brancos da América. Há, neste país, muitos brancos, homens e mulheres tão determinados a ver o negro livre quanto nós o desejamos. Essa nova militância deve ser mantida dentro dos limites do discernimento.

E há algo mais que posso compreender. Fomos pressionados por muito tempo; fomos vítimas de grupos de linchamento por muito tempo; fomos vítimas da injustiça econômica por muito tempo – ainda os últimos a serem contratados e os primeiros a serem demitidos por toda a nação. E conheço a tentação. Compreendo, do ponto de vista psicológico, por que alguns que foram capturados pelas garras da injustiça circundante se ressentem e chegam à conclusão de que o problema não pode ser resolvido dentro desses limites, e enxergam a segregação racial como a única saída possível. Mas, embora eu os compreenda psicologicamente, devo, nesta tarde, lhes dizer que não é esse o caminho. A supremacia negra é tão perigosa quanto a supremacia branca. Espero que, nesta tarde, vocês me permitam dizer que Deus não está interessado apenas na libertação do negro, do pardo e do amarelo. Deus está interessado na libertação de toda a raça humana. E acredito que, com essa filosofia e com essa determinação, seguiremos pelos dias adiante e transformaremos os clamores dissonantes da nação em uma bela sinfonia de fraternidade.

Ao me aproximar da conclusão, tenho certeza de que vocês se perguntam: "O que podemos fazer aqui em Detroit para ajudar a luta no Sul?" Bem, há muitas coisas que vocês podem fazer. Uma delas vocês já fizeram, e espero que a façam em dimensões ainda maiores antes que deixemos este encontro.

Agora, a segunda ajuda que vocês podem dar à comunidade negra do Alabama, do Mississippi e de todo o Sul é trabalhar com determinação para eliminar, aqui em Detroit, toda forma de segregação ou discriminação, conscientes de que a injustiça em um só lugar é uma ameaça à justiça em todos os lugares. Devemos chegar à conclusão de que o problema da injustiça racial é um problema de toda a nação. Nenhuma comunidade deste país pode se gabar de ter as mãos limpas no campo da fraternidade. Aqui no Norte, a diferença é que não há sanções legais como no Sul. Mas aqui há uma discriminação, mais sutil e disfarçada, que se revela *de facto* em três áreas: emprego, moradia e escolas públicas. E devemos perceber que a segregação *de facto* no Norte é tão ofensiva quanto a segregação de direito no Sul. E, então, se vocês querem nos ajudar no Alabama, no Mississippi e em todo o Sul, façam tudo que seja possível para eliminar aqui esse problema.

Precisamos também do seu apoio a fim de aprovar a Lei dos Direitos Civis, apresentada pelo presidente. E uma coisa é certa – não nos enganemos: essa lei não passará se não lutarmos e se não pressionarmos por ela. E é por isso que eu disse que, a fim de aprovar essa lei, devemos despertar a consciência da nação e precisamos marchar até Washington com 100 mil pessoas para dizer, para dizer que estamos determinados e para tomar parte em um protesto não violento que colocará essa questão diante da consciência da nação. Se assim fizermos, seremos capazes de trazer à luz esse novo dia de liberdade. Se assim fizermos, seremos capazes de construir o sonho americano.

E não quero passar a impressão de que será fácil. Nenhuma grande conquista social será feita sem perdas individuais. A vitória da fraternidade deixará cicatrizes. Antes da vitória final, alguns de nós serão jogados na prisão. Antes da vitória final, alguns de nós, como Medgar Evers,[18] encontrarão a morte física. Mas se a morte física é o preço que teremos de pagar para libertar os nossos filhos e os nossos irmãos brancos de uma eterna morte psicológica, então nada poderá ser mais redentor. Antes da vitória final, alguns de nós serão mal compreendidos e xingados, mas devemos prosseguir, com determinação e com fé de que esse problema será resolvido (*Sim*).

E assim volto para o Sul, esperançoso. Volto para o Sul sem o sentimento de que estamos presos numa escura masmorra da qual jamais sairemos. Volto acreditando que um novo dia está chegando. E assim, nesta tarde, eu tenho um sonho, um sonho profundamente enraizado no sonho americano.

Eu tenho um sonho de que um dia, lá na Geórgia, no Mississippi e no Alabama, os filhos dos antigos escravos e os filhos dos antigos senhores viverão como irmãos.

Eu tenho um sonho esta tarde (*Tenho um sonho*) de que um dia, um dia crianças brancas e negras caminharão de mãos dadas como irmãos e irmãs.

Eu tenho um sonho esta tarde de que um dia, um dia casas e igrejas não mais arderão em chamas simplesmente porque um povo quer se libertar.

Eu tenho um sonho esta tarde (*Tenho um sonho*) de que haverá um dia em que não mais enfrentaremos as atrocidades que Emmett Till[19] enfrentou e que Medgar Evers enfrentou, em que todos os homens vivam com dignidade.

Eu tenho um sonho esta tarde (*Sim*), que meus quatro filhos pequenos, que meus quatro filhos pequenos não terão a infância que eu tive, nem serão julgados pela cor da pele, mas pelo conteúdo de seu caráter [*Aplausos*].

Eu tenho um sonho esta tarde de que um dia, bem aqui em Detroit, os negros encontrarão trabalho e casas para alugar ou comprar, aonde quer que o seu dinheiro os leve (*Isso mesmo*).

Sim, tenho um sonho de que um dia, nesta terra, as palavras de Amós tornar-se-ão realidade e "a justiça correrá como as águas; e será a virtude uma corrente poderosa".

Tenho um sonho esta tarde de que um dia reconheceremos as palavras de Jefferson de que "todos os homens são criados iguais, que são providos pelo Criador de certos direitos inalienáveis, entre os quais a vida, a liberdade e a busca da felicidade". Eu tenho um sonho esta tarde.

Tenho um sonho de que um dia todo vale será alteado e toda colina, abaixada; que o áspero será plano e o torto, direito; que se revelará a glória do Senhor e, juntas, todas as criaturas a apreciarão.

Tenho um sonho esta tarde de que a fraternidade entre os homens tornar-se-á realidade um dia.

E, com esta fé, sairei e cavarei um túnel de esperança pela montanha do desespero. Com esta fé, sairei com vocês e transformarei o passado de escuridão num futuro radiante. Com esta fé, seremos capazes de atingir esse novo dia em que todos os filhos de Deus, negros e brancos, judeus e gentios, protestantes e católicos, cantarão, de mãos dadas, a velha canção dos negros:

Livres afinal! Livres afinal!
Graças ao Deus Todo-Poderoso,
Estamos livres afinal!

*Proferido em Detroit, Michigan, em 23 de junho de 1963*

# Eu tenho um sonho

## APRESENTAÇÃO
*Dorothy I. Height*

Em 1939, quando Marian Anderson foi impedida de apresentar um concerto no Constitution Hall, em Washington, D.C., a afronta repercutiu em todo o mundo. A primeira-dama Eleanor Roosevelt interveio até que se tomaram providências para que Marian cantasse no Lincoln Memorial.

No Domingo de Páscoa, de pé na escadaria do monumento, as primeiras palavras de Marian Anderson foram: "O meu país eu canto." O estrondo dos aplausos irrompeu da multidão. Eu julgava que jamais testemunharia outro momento tão grandioso de despertar da consciência coletiva da América. Mas estava errada. Vinte e quatro anos depois, Martin Luther King, de pé na mesma escadaria, recitaria versos da primeira estrofe do mesmo hino: "Nas encostas de todas as montanhas, que a liberdade ressoe." Foi um sermão fascinante que tocou a consciência da América, garantindo o seu lugar entre os mais famosos discursos da história da humanidade.

Durante os preparativos para a marcha, muito se discutiu sobre os nomes dos oradores e a ordem em que se apresentariam. Grupos feministas queriam que uma mulher fosse incluída entre os oradores. Jovens ativistas, principalmente do Comitê Coordenador Estudantil da Não Violência, também exigiam um representante. A reivindicação das mulheres foi rechaçada com o argumento de que já estavam representadas pelos sindicatos, pelos grupos religiosos e pelas entidades do movimento por direitos civis, ali presentes. Como se confirmaria, a única voz feminina ouvida durante a manifestação seria a da grandiosa cantora *gospel* Mahalia Jackson. Ao contrário das mulheres, o SNCC insistiu em suas reivindicações e o seu representante foi chamado para discursar. Apesar das intensas negociações, havia um sentimento de unidade, repleto de justa indignação, que se devia ao fato de a segregação racial e o racismo persistirem na sociedade americana.

É natural que muitos acreditem que Luther King tenha concebido a marcha sobre Washington. Na realidade, a ideia foi de A. Philip Randolph, o notável líder sindical, cuja ameaça de fazer uma marcha semelhante muitos anos antes levara o presidente Franklin D. Roosevelt a assinar a Lei 8.802, em 1941, que instituíra a Comissão de Política Empregatícia Justa. Em 1963, o país perdera as esperanças; e as condições, ao invés de melhorarem, pioraram. A. Philip Randolph considerou que era o momento ideal para convocar uma marcha que não poderia ser contestada. Duzentas e cinquenta mil pessoas atenderam à convocação. De todos os estilos, de todas as raças, de todas as classes, de todos os credos – na realidade, vinham de todo o mundo. Aos milhares, os ônibus convergiam à capital.

Antes da marcha, houve muita preocupação com potenciais distúrbios, derramamento de sangue e confrontos violentos. O presidente Kennedy permaneceu à margem de tudo isso. Ele não se reuniria com os líderes da marcha. Roy Wilkins, da NAACP, presidia a Liderança Unida pelos Direitos Civis, que organizara um encontro com o chefe de polícia do distrito de Columbia. Wilkins o encorajara a abandonar qualquer plano de utilizar a polícia montada, sabendo que esta seria percebida como ameaçadora pelos participantes da manifestação.

Para aplacar todos os temores sobre o ânimo da multidão, que marcharia num dia quente de verão, Wilkins perguntou: "O que diremos às pessoas antes de saírem de casa?" Uma explosão de risadas e um suspiro de alívio saudaram a resposta do policial: "Diga-lhes para não colocarem maionese nos sanduíches."

No dia da marcha, havia tanta gente, do espelho d'água à base do Lincoln Memorial, que era impossível avistar o gramado. As pessoas se comprimiam no espaço exíguo, desejosas de ouvir cada palavra e ver cada orador. Chegada a hora do último discurso, Randolph, com sua voz profunda e eloquente, anunciou com um trejeito: "Martin Luther King!"

Luther King abandonou as suas anotações e falou de cor. Em retrospectiva, percebe-se como foi brilhante a decisão de colocá-lo como último orador, pois ninguém poderia ter falado após as comoventes e apaixonadas palavras de Luther King. Nós o ouvimos como se ele se dirigisse a cada um de nós individualmente. Estou certa de que os aplausos e os gritos de encorajamento que saudavam as suas palavras podiam ser ouvidos por quilômetros. Foi uma experiência profundamente espiritual.

Quando jovem, integrei o Movimento Unido da Juventude Cristã, criado para orientar o otimismo dos jovens cristãos na construção de um novo mundo. Quando Luther King terminou o seu discurso, contemplei a multidão e senti que, finalmente, todos nós estávamos unidos na criação de uma nova sociedade. Ele fizera mais do que um discurso. Ele fizera um desafio ao mundo. Fora como se ele entrasse no coração e na alma das pessoas de todas as partes e tocasse os seus anseios mais profundos por um destino compartilhado, um propósito comum, um sentido de missão. Ele nos fizera ver como triunfaríamos, "negros e brancos juntos".

A sua mensagem salientou as graves deficiências do país – "A América entregou à população negra um cheque ruim, um cheque que voltou com o carimbo de 'sem fundos'" –, no entanto ele não soava pessimista. Ele falou com os olhos voltados para o futuro. O seu comprometimento com o amor e com a paz por meio da justiça era evidente.

Pelos dias, semanas e anos que se seguiram, a força de suas palavras atingia mais e mais pessoas à medida que as estações de rádio e televisão por todo o país transmitiam o seu discurso em todas as oportunidades.

É uma bênção que, com os esforços de Coretta Scott King, a essência da mensagem de Martin Luther King tenha se institucionalizado. Todo feriado em homenagem a ele, quando o discurso é transmitido, recitado ou citado, é um momento para lembrarmos que ele tinha um sonho, mas que não foi assassinado por sonhar – mas por ousar desafiar o sistema. O discurso tem a força da alma, do amor e do compromisso com a não violência, eternamente relevante à experiência humana.

*Dorothy I. Height* foi presidente do Conselho Nacional da Mulher Negra de 1957 a 1998, e foi uma das poucas mulheres que lideraram organizações durante o Movimento por Direitos Civis. Height recebeu a prestigiosa Medalha Spingarn da NAACP, em 1993, e, no ano seguinte, foi agraciada com a Medalha Presidencial da Liberdade.

*Estou contente de me reunir hoje com vocês* nesta que será conhecida como a maior demonstração pela liberdade na história de nossa nação.

Há dez décadas, um grande americano, sob cuja sombra simbólica nos encontramos hoje, assinou a Proclamação da Emancipação. Esse magnífico decreto surgiu como um grande farol de esperança para milhões de escravos negros que arderam nas chamas da árida injustiça. Ele surgiu como uma aurora de júbilo para pôr fim à longa noite de cativeiro.

Mas cem anos depois, o negro ainda não é livre. Cem anos depois, a vida do negro ainda está tristemente debilitada pelas algemas da segregação e pelos grilhões da discriminação. Cem anos depois, o negro vive isolado numa ilha de pobreza em meio a um vasto oceano de prosperidade material. Cem anos depois, o negro ainda vive abandonado nos recantos da sociedade na América, exilado em sua própria terra. Assim, hoje viemos aqui para representar a nossa vergonhosa condição.

De uma certa forma, viemos à capital da nação para descontar um cheque. Quando os arquitetos da nossa república escreveram as magníficas palavras da Constituição e da Declaração da Independência (*Sim*), eles estavam assinando uma nota promissória da qual todos os americanos seriam herdeiros. A nota era uma promessa de que todos os homens, sim, negros e brancos igualmente, teriam garantidos os "direitos inalienáveis à vida, à liberdade e à busca da felicidade". É óbvio neste momento que, no que diz respeito a seus cidadãos de cor, a América não pagou essa promessa. Em vez de honrar a sagrada obrigação, a América entregou à população negra um cheque ruim, um cheque que voltou com o carimbo de "sem fundos".

No entanto, recusamos a acreditar que o banco da justiça esteja falido. Recusamos a acreditar que não haja fundos suficientes nos grandes cofres de oportunidade desta nação. E, assim, viemos descontar esse cheque, um cheque que nos garantirá, sob demanda, as riquezas da liberdade e a segurança da justiça.

Viemos também a este glorioso local para lembrar a América da urgência feroz do momento. Não é hora de se comprometer com o luxo do comedimento ou de tomar o tranquilizante do gradualismo. Agora é hora de concretizar as promessas da democracia (*Sim, Senhor*). Agora é hora de deixar o vale sombrio e desolado da segregação pelo caminho ensolarado da justiça racial. Agora é hora de conduzir a nossa nação da areia movediça da injustiça racial para a sólida rocha da fraternidade. Agora é hora de tornar a justiça uma realidade para todos os filhos de Deus.

Seria fatal para a nação ignorar a urgência do momento. Este verão sufocante do legítimo descontentamento dos negros não passará até que haja um outono revigorante de liberdade e igualdade. O ano de 1963 não é um fim, mas um começo. E aqueles que agora esperam que o negro se acomode e se contente terão uma grande surpresa se a nação voltar a negociar como de costume. E não haverá descanso nem tranquilidade na América até que se conceda ao negro a sua cidadania. As tempestades da revolta continuarão a balançar os alicerces da nossa nação, até que floresça a luminosa manhã da justiça.

Mas há algo que devo dizer a meu povo, diante da entrada reconfortante do Palácio da Justiça: ao longo do processo de conquista do nosso merecido lugar, não podemos nos condenar com atos criminosos. Não devemos saciar a nossa sede de liberdade bebendo da taça da amargura e do ódio. Devemos sempre conduzir a nossa luta no mais alto nível de dignidade e disciplina. Não podemos permitir que o nosso protesto degenere em violência física. Vezes sem fim, devemos nos elevar às majestosas alturas para confrontar a força física com a força da alma. A nova e maravilhosa militância que engolfou a comunidade negra não deve nos levar a desconfiar de todos os homens brancos, pois muitos de nossos irmãos brancos, como se torna evidente com a sua presença aqui hoje, compreenderam que o seu destino está ligado ao nosso. Eles compreenderam que a sua liberdade está atada à nossa, de forma inextricável.

Não podemos caminhar sozinhos. E, enquanto caminhamos, devemos prometer que sempre marcharemos adiante. Não podemos voltar. Há quem pergunte aos devotos dos direitos civis: "Quando ficarão satisfeitos?" (*Nunca*).

Não ficaremos satisfeitos enquanto o negro for vítima dos inenarráveis horrores da brutalidade policial. Não ficaremos satisfeitos enquanto os nossos corpos, pesados pela fadiga da viagem, não obtiverem hospitalidade nos hotéis das rodovias e das cidades. Não ficaremos satisfeitos enquanto a única mobilidade social a que um negro possa aspirar seja deixar o seu gueto por um outro maior. Não ficaremos satisfeitos enquanto os nossos filhos forem despidos de sua personalidade e tiverem a sua dignidade roubada por cartazes com os dizeres "só para brancos". Não ficaremos satisfeitos enquanto o negro do Mississippi não puder votar e o negro de Nova York acreditar que não há por que votar. Não e não. Não estamos satisfeitos e nem ficaremos satisfeitos até que "a justiça jorre como uma fonte; e a equidade, como uma poderosa correnteza".

Não ignoro que alguns de vocês enfrentaram inúmeros desafios e adversidades para chegar até aqui (*Sim, Senhor*). Alguns de vocês recentemente abandonaram estreitas celas de prisão. Alguns de vocês vieram de regiões onde a busca por liberdade deixou-os abatidos pelas tempestades da perseguição e abalados pelos ventos da brutalidade policial. Vocês são os veteranos do sofrimento profícuo. Continuem a lutar com a fé de que o sofrimento imerecido é redentor. Voltem para o Mississippi, voltem para o Alabama, voltem para a Carolina do Sul, voltem para a Geórgia, voltem para a Louisiana, voltem para os cortiços e para os guetos das cidades do Norte, conscientes de que, de algum modo, essa situação pode e será transformada (*Sim*). Não afundemos no vale do desespero.

E digo-lhes hoje, meus amigos, mesmo diante das dificuldades de hoje e de amanhã, ainda tenho um sonho, um sonho profundamente enraizado no sonho americano.

Eu tenho um sonho de que um dia esta nação se erguerá e experimentará o verdadeiro significado de sua crença: "Acreditamos que essas verdades são evidentes, que todos os homens são criados iguais" (*Sim*).

Eu tenho um sonho de que um dia, nas encostas vermelhas da Geórgia, os filhos dos antigos escravos sentarão ao lado dos filhos dos antigos senhores, à mesa da fraternidade.

Eu tenho um sonho de que um dia até mesmo o estado do Mississippi, um estado sufocado pelo calor da injustiça, sufocado pelo calor da opressão, será um oásis de liberdade e justiça.

Eu tenho um sonho de que os meus quatro filhos pequenos viverão um dia numa nação onde não serão julgados pela cor de sua pele, mas pelo conteúdo de seu caráter (*Sim, Senhor*). Hoje, eu tenho *um sonho*!

Eu tenho um sonho de que um dia, lá no Alabama, com o seu racismo vicioso, com o seu governador de cujos lábios gotejam as palavras "intervenção" e "anulação", um dia, bem no meio do Alabama, meninas e meninos negros darão as mãos a meninas e meninos brancos, como irmãs e irmãos. Hoje, eu tenho um sonho.

Eu tenho um sonho de que um dia todo vale será alteado (*Sim*) e toda colina, abaixada; que o áspero será plano e o torto, direito; "que se revelará a glória do Senhor e, juntas, todas as criaturas a apreciarão" (*Sim*).

Esta é a nossa esperança, e esta a fé que levarei comigo ao voltar para o Sul (*Sim*). Com esta fé, poderemos extrair da montanha do desespero uma rocha de esperança (*Sim*). Com esta fé, poderemos transformar os clamores dissonantes da nossa nação em uma bela sinfonia de fraternidade. Com esta fé (*Sim, Senhor*), poderemos partilhar o trabalho, partilhar a oração, partilhar a luta, partilhar a prisão e partilhar o nosso anseio por liberdade, conscientes de que um dia seremos livres. E esse será o dia, e esse será o dia em que todos os filhos de Deus poderão cantar com um renovado sentido:

O meu país eu canto.
Doce terra da liberdade,
a ti eu canto.
Terra em que meus pais morreram,
Terra do orgulho peregrino,
Nas encostas de todas as montanhas,
que a liberdade ressoe!

E se a América estiver destinada a ser uma grande nação, isso se tornará realidade.

E, assim, que a liberdade ressoe (*Sim*) nos picos prodigiosos de New Hampshire.

Que a liberdade ressoe nas grandiosas montanhas de Nova York.

Que a liberdade ressoe nos elevados Apalaches da Pensilvânia.

Que a liberdade ressoe nas Rochosas nevadas do Colorado.

Que a liberdade ressoe nos declives sinuosos da Califórnia (*Sim*).

Mas não apenas isso: que a liberdade ressoe na Montanha de Pedra da Geórgia (*Sim*).

Que a liberdade ressoe na Montanha Lookout do Tennessee (*Sim*).

Que a liberdade ressoe em toda colina do Mississippi (*Sim*).

Nas encostas de todas as montanhas, que a liberdade ressoe!

E quando acontecer, quando ressoar a liberdade, quando a liberdade ressoar em cada vila e em cada lugarejo, em cada estado e cada cidade, anteciparemos o dia em que todos os filhos de Deus, negros e brancos, judeus e gentios, protestantes e católicos, juntarão as mãos e cantarão as palavras da velha canção dos negros:

Livres afinal! Livres afinal!
Graças ao Deus Todo-Poderoso,
Estamos livres afinal!

*Proferido na Marcha sobre Washington, D.C., por Trabalho e Liberdade, em 28 de agosto de 1963*

# Louvor às jovens vítimas do atentado à igreja batista da rua 16

# Apresentação
*Reverendo Fred Shuttlesworth*

A primeira vez que encontrei Martin Luther King foi em Birmingham, em 1954, quando toda a cidade comentava e falava sobre o "jovem doutor em teologia". Em um rápido encontro com ele, eu, o "jovem agitador", fiquei muito impressionado com a sua modesta disposição, a sua humildade e a sua crença arraigada na ação direta e não violenta para pôr fim à segregação no Sul.

Como pastores, sabíamos que a segregação estava errada; a palavra de Deus ensina-nos a não violência, e o exemplo do sofrimento e da vitória de Gandhi na Índia levou-nos a acreditar que a ação não violenta era o caminho para a liberdade. Em 1954, a decisão da Suprema Corte contra a segregação nas escolas deu-nos uma nova esperança e estávamos certos de que a maré da injustiça americana começava a mudar. Apesar das reações sulistas contra a decisão – tentativas de intervenção e anulação, conselhos de cidadãos, autoridades segregacionistas, terror policial, Ku Klux Klan –, nós, os líderes negros, mantivemo-nos unidos, a fim de planejar juntos a derrubada da segregação, inicialmente com apelos não violentos à consciência, e, em seguida, com ações diretas de não violência.

Em represália, o Alabama tornou ilegal a NAACP em junho de 1956, ignorando uma série de atentados a bomba, espancamentos e maus-tratos contra negros indefesos. Mas menos de duas semanas depois, o Movimento Cristão pelos Direitos Humanos do Alabama (ACMHR) foi fundado sob a minha liderança, desafiando todos os aspectos de segregação na Birmingham de Bull Connor.[20] A ACMHR sofreu indescritíveis afrontas por sete anos, antes de se unir à SCLC de Martin Luther King, promovendo assim as grandiosas manifestações não violentas de 1963 – demonstrações que literalmente quebraram a espinha da segregação legal no Sul.

Em tempos de tamanha violência, Luther King demonstrou ser um homem extraordinário, ao viver verdadeiramente de acordo com a sua pregação. *Ele viveu uma vida de não violência*. Quando feria os sentimentos de alguém, ficava profundamente abalado, até mesmo quando tinha a razão em alguma acalorada reunião com os seus colaboradores. Certa vez, em Montgomery, vi um homem atacá-lo, e ele não expressou ou demonstrou qualquer ódio. Em vez disso, olhou o seu jovem agressor, com uma expressão melancólica e de compaixão, e recusou-se a dar queixa na polícia. Durante a Marcha Meredith do Mississippi, um membro da Klan, com um verdadeiro arsenal em sua caminhonete, quase nos atropelou, parando a pouca distância de nós dois. Martin não desviou o seu caminho, apenas disse com resignação: "Muito bem, se essa é a vontade de Deus, voltaremos mais cedo para casa." Também foi durante essa marcha que se manteve admiravelmente impassível diante dos agressivos gritos de ordem "Black power" com os quais Stokely Carmichael[21] frequentemente o interrompia.

Muitas vezes, também, a sua calma transformava-se em uma atitude agradavelmente informal. Certa vez, enquanto persuadia, ao telefone, o jovem presidente John Kennedy da necessidade da "profícua tensão" da não violência, parou em meio a uma frase e disse: "Espere um minuto, sr. presidente. Ralph, por favor, me passe um pedaço desse frango e um pouco mais daquele pão! Fred, esse pão não está uma delícia?"

Sim, acreditávamos na não violência, e fizemos um grande trabalho: organizamos marchas, campanhas e *sit-ins.*[22] A vitória sorriu para nós apenas quando milhares de crianças e adultos – com fervor e entusiasmo – enfrentaram jatos d'água, mordidas de cães, brutalidade policial e tratamento desumano. Lotamos as cadeias, obstruímos os tribunais e paralisamos o comércio. *Nós* paramos as cidades. Muitas vezes, saímos vitoriosos. Mas há sempre um momento em que alguém para e se pergunta: *Que preço pagamos por isso?*

O atentado a bomba cometido pela Klan à igreja batista da rua 16, que matou – durante o culto – quatro lindas e inocentes meninas, trouxe mágoa e profundo sofrimento ao coração dos familiares, melancolia a Birmingham e a consciência dessa atroz brutalidade à nação. Meu coração palpitava de dor enquanto buscava explicações. Pensei nos milhares de crianças que marcharam diante da morte. Pensei em mim mesmo e em minha família, face a face com a morte. Perguntei-me se os familiares e os amigos de luto pelas quatro meninas se alimentariam de ódio e culpa ou se aceitariam aquela terrível perda como um desígnio de Deus.

Salomão ponderou que *Deus pôs a eternidade no coração dos homens.* O louvor de Luther King retrata essas quatro meninas inocentes, recém-chegadas à vida, desempenhando com maestria os seus papéis no palco da história e saindo de cena de volta à eternidade. O sermão tece com a morte dessas meninas uma trama de mensagens endereçadas àqueles que *deveriam* ser firmes e ativos na cruzada pela liberdade e pela dignidade: os pastores silenciosos, os políticos vacilantes, o tolerante governo federal e o negro que aceita passivamente a segregação. A coragem para ouvir e agir de acordo com a mensagem de Luther King – coragem, não cautela – pode mudar um sistema que é responsável pela morte de crianças:

A ira do homem servirá a Deus, pois Deus extrairá o bem desse infame assassinato, permitindo que o sangue de inocentes seja uma força redentora para a cidade e para o Sul. O profeta lembra que a mágoa e o desejo de vingança não serão úteis, mas o amor pode redimir qualquer pessoa, mesmo a mais vil.

As palavras de Luther King às famílias de luto apontam para a única e verdadeira democracia: a inevitável morte de todos os homens, independentemente de raça e de nível social. Ele as encorajou a se apegar à crença cristã de que a ressurreição tirou da morte o seu poder mordaz; a morte não é, portanto, um fim, mas uma porta aberta para a eternidade.

Por fim, o louvor de Luther King para com esses mártires infantis não reside na glória e na felicidade futuras no Paraíso, mas no eloquente e apaixonado apelo à consciência que leve a um comprometimento pessoal e ativo na construção de uma vida melhor na Terra: que defenda a justiça, a dignidade humana e o valor de cada ser humano. O Senhor dos Céus nos deu a vida na Terra para viver e amar. Para aqueles que lutam por um mundo melhor, o Paraíso começa agora.

*Fred Shuttlesworth* esteve por décadas à frente do movimento que procurou pôr fim à segregação em Birmingham, Alabama, e ajudou Luther King a fundar a SCLC. Como importante líder nacional dos direitos humanos, Shuttlesworth integra hoje o conselho do Congresso da Igualdade Racial e, como pastor, dirige a igreja batista da Nova Luz Divina, em Cincinnati, Ohio.

*Reunimo-nos nesta tarde, no remanso deste* santuário, para render o nosso último e respeitoso tributo a estas encantadoras filhas de Deus.[23] Há alguns anos apenas, elas ingressaram no curso da história, e, no breve período em que tiveram o privilégio de atuar neste plano material, desempenharam com maestria o seu papel. Agora, caem as cortinas, elas saem de cena e o drama de suas vidas terrenas chega ao fim. Elas estão novamente comprometidas com a eternidade da qual vieram.[24]

Estas crianças – belas, inocentes e inofensivas – foram vítimas de um dos crimes mais hediondos e trágicos perpetrados contra a humanidade. E, no entanto, elas morreram com nobreza. Elas são os mártires de uma santa cruzada pela liberdade e pela dignidade humana.

E por isso, nesta tarde, a verdade é que elas têm algo a nos dizer com a sua morte. Elas têm algo a dizer a cada ministro do Evangelho que se calou atrás da segurança dos vitrais. Têm algo a dizer a cada político que alimentou os seus eleitores com o pão dormido do ódio e a carne apodrecida do racismo. Têm algo a dizer a um governo federal que se comprometeu com práticas antidemocráticas dos *dixiecratas*[25] do Sul e com a grosseira hipocrisia dos conservadores republicanos do Norte. Elas têm algo a dizer a cada negro que aceitou passivamente o diabólico sistema de segregação e que permaneceu à margem de uma grandiosa luta por justiça. Elas dizem a cada um de nós, a negros e brancos igualmente, que devemos substituir a cautela pela coragem. Elas nos dizem para não só nos preocuparmos com os seus assassinos, mas também com o sistema, o modo de vida, a filosofia que produziu esses assassinos. A sua morte nos diz para trabalhar apaixonada e ininterruptamente pela concretização do sonho americano.

E assim, meus amigos, elas não morreram em vão (*Sim*). Deus sabe como desentranhar o bem do mal. E a história tem provado vezes sem fim que o sofrimento imerecido é redentor. O sangue inocente dessas meninas pode muito bem servir como uma força redentora, que trará nova luz às trevas desta cidade (*Sim*). Dizem as Sagradas Escrituras: "E um menino os conduzirá". A morte dessas meninas possivelmente conduzirá todo o nosso Sul da mais baixa estrada da desumanidade do homem à mais elevada estrada da paz e da fraternidade. Estas mortes trágicas possivelmente conduzirão a nossa nação de uma aristocracia da cor a uma aristocracia do caráter. O sangue derramado dessas três* meninas inocentes possivelmente levará todos os cidadãos de Birmingham a transformar os extremos negati-

* Ver nota 23. (N.T.)

vos de um passado escuro nos extremos positivos de um futuro iluminado. De fato, este trágico evento possivelmente levará o Sul branco a lidar com a sua própria consciência (*Sim*).

E assim, venho, nesta tarde, para dizer a todos aqui reunidos que, apesar da escuridão desta hora, não devemos nos desesperar. Não devemos endurecer, nem devemos acolher o desejo de revidar com violência. Não, não devemos perder a fé em nossos irmãos brancos. De algum modo, precisamos acreditar que os mais desnorteados dentre eles podem aprender a respeitar a dignidade e o valor de cada personalidade humana.

Permitam-me agora dirigir uma palavra às famílias de luto. É praticamente impossível dizer algo que possa consolá-los nesta hora tão difícil e que possa dissipar as profundas nuvens de desilusão que encobrem os céus de suas mentes. Mas espero que vocês possam encontrar um pouco de conforto na universalidade desta experiência. A morte vem para todos os indivíduos. A morte é espantosamente democrática. Não serve aristocraticamente a poucos, mas democraticamente a todos. Morrem os reis e morrem os mendigos; morrem os ricos e os pobres; morrem os velhos e os jovens. A morte vem para o inocente e para o culpado. A morte é o irredutível denominador comum de todos os homens.

Espero que vocês possam encontrar algum conforto na afirmação cristã de que a morte não é um fim. A morte não é o ponto final da grandiosa sentença da vida, mas uma vírgula que a pontua diante de um significado mais sublime. A morte não é um beco sem saída que leva a humanidade a um estado de total anulação, mas uma porta aberta para a vida eterna. Permitam que essa fé audaciosa, que essa invencível suposição, lhes fortaleça nesses dias de provação.[26]

Agora, para concluir, eu lhes digo: a vida é dura, às vezes tão dura quanto aço temperado. Há momentos difíceis e desesperadores. Como as águas dos rios, a vida tem períodos de seca e de inundação. Como o contínuo ciclo das estações, a vida tem o suave calor dos verões e o frio cortante dos invernos (*Sim*). E se nos mantivermos firmes, descobriremos que Deus está do nosso lado e que Deus pode nos levar da fadiga do desespero ao alívio da esperança e transformar os vales sombrios e desolados nas iluminadas veredas da paz interior.

E assim quero que saibam hoje que vocês não estão sós. Vocês deram a este mundo crianças maravilhosas, que não viveram vidas longas, mas que viveram vidas significativas. Suas vidas foram dolorosamente curtas em quantidade, mas gloriosamente longas em qualidade. Como pais, nenhum outro tributo poderá ser-lhes tão valoroso. Como filhos, nenhum outro epitáfio poderá ser-lhes tão grandioso, quanto a hora e o local de sua morte. Elas não morreram entre antros e covis de Birmingham, nem morreram discutindo ou ouvindo conversas sujas. Elas morreram entre os sagrados muros da Igreja de Deus, e discutiam o eterno significado do amor. Shakespeare fez Horácio proferir as mais belas palavras diante do cadáver de Hamlet. E hoje, diante dos restos mortais dessas lindas e encantadoras meninas, parafraseio as palavras de Shakespeare: Boa noite, amadas princesas. Boa noite, doces símbolos de um novo dia. Que anjos, em revoada, levem-nas ao eterno descanso. Deus as abençoe.

*Proferido na igreja batista da Sexta Avenida, em Birmingham, Alabama, em 18 de setembro de 1963*

# Discurso de agradecimento ao prêmio Nobel da Paz

# Apresentação
## *Sua Santidade, o Dalai Lama*

Foi extremamente apropriado que Martin Luther King tenha sido agraciado com o prêmio Nobel da Paz, pois ele é um dos grandes heróis de nosso tempo. Quando o seu povo clamava por liberdade, ele teve a coragem de liderá-lo. O que o fez grande foi a sua determinação de que outros não deveriam se ferir nessa luta. Quando disse que "a liberdade não é concedida, é conquistada", muitas pessoas tomaram a fala como um chamamento às armas. Luther King ensinou, no entanto, que as pessoas deveriam lutar por si mesmas, mas com amor e compreensão por aqueles que se lhes opunham. Reconheceu que os nossos inimigos podem ser os nossos maiores mestres.

Como disse Luther King, não violência é poder, mas é o uso correto e benéfico do poder, uma vez que está relacionada ao poder da verdade. As pessoas não gostam de ser intimidadas, trapaceadas ou enganadas, seja por indivíduos, seja por sistemas. Tais atos são contrários à essência do espírito humano. A verdade é a melhor garantia de liberdade e democracia. Não importa se você é forte ou fraco, ou se são muitos ou poucos os partidários de sua causa. A verdade ainda prevalecerá.

Apesar de suas origens tão distintas, Luther King aproximou-se de Mahatma Gandhi como um farol de contínua inspiração para outras revoluções pacíficas que, por sua vez, oferecem a futuras gerações maravilhosos exemplos de mudanças bem-sucedidas e não violentas. O que esses dois grandes homens afirmaram é que o duplo desejo por paz e liberdade encontra-se no nível mais fundamental da natureza humana e que a violência é a sua completa antítese.

É, para mim, uma honra contribuir com estas palavras para a publicação deste discurso de agradecimento ao prêmio Nobel da Paz. Quando Luther King o proferiu, eu era apenas um jovem recém-exilado de minha pátria e, portanto, vagamente familiarizado com o mundo em geral. No entanto, minha própria experiência deu-me a profunda compreensão das pressões e dos sofrimentos que ele tolerou para manter-se fiel à não violência. Hoje, depois de mais de quarenta anos da ocupação chinesa, a situação do meu povo no Tibete é muito semelhante à dos afro-americanos por quem Luther King lutou. Eles se tornaram uma minoria oprimida em sua própria terra. Desse modo, relembrando o seu maravilhoso trabalho pelos direitos civis na América, apelo àqueles que lerem isto para estender a mesma preocupação não apenas aos tibetanos, mas a todos que tenham sido privados de seus direitos humanos fundamentais ao redor do mundo.

*Sua Santidade, o 14º Dalai Lama*, é o líder espiritual dos budistas tibetanos no exílio e detentor do prêmio Nobel da Paz de 1989, por seus esforços para alcançar mudanças sociais por meio do protesto não violento.

*Vossa Majestade, Vossa Alteza Real,* sr. presidente, Excelências, senhoras e senhores: aceito o prêmio Nobel da Paz no momento em que, nos Estados Unidos da América, 22 milhões de negros estão engajados numa profícua batalha para pôr fim a uma longa noite de injustiça social. Aceito esta premiação em nome do movimento por direitos civis que caminha com determinação e majestoso desprezo pelos riscos e perigos de estabelecer um reino de liberdade e um governo de justiça.

Sei que ainda ontem em Birmingham, Alabama, nossas crianças, clamando por fraternidade, foram recebidas com jatos d'água, cães raivosos e, até mesmo, com a morte. Sei que ainda ontem na Filadélfia, no Mississippi, buscando assegurar o direito ao voto, jovens foram espancados e assassinados. Sei que uma pobreza debilitante e opressora aflige o meu povo e o acorrenta ao mais baixo degrau da escada econômica.

Por isso me pergunto por que este prêmio é atribuído a um movimento que, sitiado, entrega-se sem trégua ao combate; a um movimento que ainda não conquistou a paz e a fraternidade que são a exata essência do prêmio Nobel. Depois de refletir, cheguei à conclusão de que esta premiação, que recebo em nome desse movimento, representa um profundo reconhecimento de que a não violência é a resposta à crucial questão política e moral de nosso tempo – a necessidade de o homem transcender a opressão e a violência sem recorrer à violência e à opressão.

Civilização e violência são conceitos antitéticos. Os negros dos Estados Unidos, seguindo o exemplo do povo indiano, demonstraram que a não violência não constitui uma passividade estéril, mas uma poderosa força moral que leva à transformação social. Cedo ou tarde, todos os povos do mundo descobrirão o caminho para a convivência pacífica, e, com isso, transformarão esta pendente elegia cósmica em um abençoado salmo de fraternidade. Para que essa conquista se concretize, a humanidade deverá desenvolver, para todos os conflitos humanos, um método que repudie a vingança, a agressão e a retaliação. A base desse método é o amor.

A estrada tortuosa que nos trouxe de Montgomery, Alabama, a Oslo testemunha essa verdade. Essa é a estrada sobre a qual milhões de negros viajam à procura de um novo sentimento de dignidade. Essa mesma estrada abriu para todos os americanos uma nova era de progresso e esperança. Levou a uma nova Lei dos Direitos Civis, e irá, estou convencido, alargar-se e alongar-se até transformar-se numa grandiosa rodovia de justiça, à medida que um crescente número de negros e brancos se alie para superar os seus problemas comuns.

Aceito hoje esta premiação com uma fé inabalável na América e com uma fé audaciosa no futuro da humanidade. Recuso-me a aceitar o desespero como resposta final para as ambiguidades da história.

Recuso-me a aceitar a ideia de que o "assim é" da atual natureza do homem o faça moralmente incapaz de atingir o eterno "assim seja" que sempre o confronta.

Recuso-me a aceitar a ideia de que o homem seja mero fardo de despojos jogado ao rio da vida, incapaz de influenciar os eventos que o rodeiam.

Recuso-me a aceitar a visão de que a humanidade está tão tragicamente atada à madrugada sem estrelas do racismo e da guerra que a luminosa aurora da paz e da fraternidade jamais se tornarão uma realidade.

Recuso-me a aceitar a cínica noção de que, uma após outra, as nações deverão rolar abaixo por uma escadaria militarista até o inferno da aniquilação nuclear.

Acredito que a verdade desarmada e o amor incondicional terão, na realidade, a última palavra. É por isso que o bem, temporariamente derrotado, é mais forte que o mal triunfante.

Acredito mesmo que, mesmo em meio às explosões dos canhões e ao zunido das balas de hoje, ainda há esperança de um amanhã mais resplandecente.

Acredito que a justiça, combalida e prostrada nas ruas ensanguentadas de nossas nações, pode se levantar dessa poeira de vergonha para reinar suprema entre os filhos dos homens.

Ouso acreditar que as pessoas, em todas as partes, possam ter três refeições ao dia para os seus corpos; educação e cultura para as suas mentes; e dignidade, igualdade e liberdade para os seus espíritos.

Acredito que aquilo que os egocêntricos destruíram, os filantropos podem reerguer.

Acredito ainda que um dia a humanidade há de se curvar diante dos altares de Deus e será coroada com triunfo, acima da guerra e do derramamento de sangue, e a boa vontade, não violenta e redentora, proclamará o seu poder sobre a terra. O leão e o cordeiro deitar-se-ão lado a lado e cada homem sentar-se-á à sombra de sua própria parreira ou figueira, e ninguém mais temerá.

Acredito ainda que triunfaremos.

Essa fé nos dará a coragem para enfrentar as incertezas do futuro. Dará renovada força a nossos pés fatigados à medida que seguimos em nossa jornada à cidade da liberdade. Quando os nossos dias se tornarem sombrios com nuvens ameaçadoras e as nossas noites se tornarem mais escuras que milhares de noites, saberemos que estamos em meio ao fecundo turbilhão de uma autêntica civilização, lutando para nascer.

Hoje, com renovada dedicação pela humanidade que me inspira, venho a Oslo como curador. Aceito este prêmio em nome de todos os homens que amam a paz e a fraternidade. Digo que venho como curador pois, no âmago de meu coração, sei que este prêmio é muito mais do que uma honra pessoal. Sempre que viajo de avião, penso em todas as pessoas que garantem o sucesso de um voo – os pilotos, que conhecemos, e toda a equipe de terra, que desconhecemos. Os senhores homenageiam os dedicados pilotos de nossa luta, que se sentaram na cabine de comando à medida que o movimento pela liberdade ganhava as alturas. Os senhores homenageiam, mais uma vez, o chefe Lutuli[27] da África do Sul, cujas lutas, ao lado de seu povo e por seu povo, ainda enfrentam a mais brutal manifestação de desumanidade. Os senhores homenageiam a equipe de terra sem cujo trabalho e sacrifício os voos rumo à liberdade jamais teriam decolado. A maior parte dessas pessoas jamais aparecerá nas manchetes e os seus nomes não estarão no *Quem é Quem*. No entanto, quando os anos tiverem passado e quando a flamejante luz da verdade focalizar esta era maravilhosa em que vivemos, homens e mulheres saberão e às crianças será ensinado que temos uma terra mais bela, um povo mais digno, uma civilização mais nobre, porque esses humildes filhos de Deus se sacrificaram em nome da virtude.

Acredito que Alfred Nobel me entenderia quando afirmo que aceito esta premiação como curador de uma valiosa relíquia de família que tomo em confiança de seus verdadeiros proprietários – todos aqueles para quem a verdade é beleza, e a beleza, verdade, e em cujos olhos a beleza da genuína fraternidade e da paz é mais preciosa do que todos os diamantes, do que a prata ou o ouro. Obrigado.

*Proferido em Oslo, Noruega, em 10 de dezembro de 1964*

# Discurso de encerramento da marcha de Selma a Montgomery

## Apresentação

*Representante no Congresso dos EUA John Lewis*

Martin Luther King era meu amigo, meu irmão, minha inspiração e meu companheiro. Quando o conheci, em 1958, eu tinha dezoito anos. Escrevi-lhe uma carta para pedir um conselho, pois desejava ir para Troy State, uma universidade estadual de maioria branca, próxima à minha cidade natal no Alabama. Pouco depois, enviou-me uma passagem de ônibus, pois desejava que eu o encontrasse para discutir os meus planos de pôr fim à segregação em Troy State. Fui a Montgomery sem saber que aquela viagem mudaria a minha vida. Desde o primeiro encontro até o dia de sua morte, em Memphis, em 1968, inspirei-me em sua vida e em sua visão profética.

Luther King talvez fosse um dos mais talentosos oradores de seu tempo. Esse homem – esse filho do Sul dos Estados Unidos, esse cidadão do mundo – podia iluminar a escuridão. Podia trazer a esperança em meio à desesperança. Quando discursava, as multidões percebiam, em suas palavras, que eram alguém. Quando nos convocava para uma marcha, marchávamos cientes de que a verdade estava ao nosso lado. Onde quer que discursasse, o ar se enchia de energia. Ao ouvi-lo, ficávamos tão inspirados e sensibilizados que seríamos capazes de marchar sobre o fogo do inferno. Como todo grande orador, Luther King tinha domínio pleno sobre o seu público. Sua voz ritmada e comovente soava como uma canção de ninar; era impossível resistir a esse apelo à consciência.

Este discurso, proferido por Luther King após meses e meses de luta pelo direito ao voto em Selma, no Alabama, tem uma grande importância histórica na lista de seus poderosos e apaixonados pronunciamentos. No coração do cinturão negro do Alabama, somente 2% dos afro-americanos podiam votar. No decorrer da luta, alguns foram detidos, presos, espancados e, até mesmo, assassinados por encorajar os negros a votar. Outros foram arrancados de suas casas e demitidos de seus empregos, pois ousaram se registrar como eleitores.

A campanha pelo direito ao voto chegou ao clímax em 7 de março de 1965.

Eu e mais outras 600 pessoas – na sua maioria, negras e negros de idade, ao lado de alguns jovens – tentávamos demonstrar à nação e ao mundo o nosso desejo de participar ativamente do processo democrático. Ao atravessar a ponte Edmund Pettus sobre o rio Alabama, em Selma, fomos brutalmente atacados pela polícia estadual, que nos espancou com chicotes e cassetetes e nos pisoteou com cavalos. Aquele dia ficou conhecido como o "Domingo Sangrento".

No dia seguinte, como fizera tantas outras vezes, Luther King veio a Selma. Ele fez um apelo a líderes religiosos de toda a nação para que viessem à cidade e percorressem o mesmo caminho que fizéramos no Domingo Sangrento. Mais de mil padres, rabinos, freiras e pastores atenderam a seu apelo macedônio. Na terça-feira, 9 de março, terminado o culto na Capela Brown da Igreja Metodista Episcopal Africana, eles se reuniram para a caminhada, seguiram ordeira e silenciosamente pelas ruas de Selma e atravessaram a ponte Edmund Pettus. No ponto em que havíamos sido atacados, os manifestantes se ajoelharam e rezaram. Novamente em face da polícia estadual, recuaram e esperaram por uma ordem judicial que lhes permitisse marchar de Selma a Montgomery.

Por mais que eu viva, jamais esquecerei aquela tarde de domingo, duas semanas depois, em 21 de março, quando mais de 10 mil pessoas iniciaram a marcha de Selma a Montgomery. Naquele dia, a marcha liderada por Luther King lembrava a de Gandhi até o mar. Havia algo de pacífico, sagrado e profundamente espiritual na visão daqueles pés sobre o asfalto. Marchar com Luther King era como ter um cicerone celestial caminhando ao nosso lado. Cantávamos. Rezávamos. A chuva veio e se foi, mas não nos deteria. Não tínhamos medo. Como diz a velha canção dos negros, estávamos verdadeiramente "debaixo do temporal". Éramos filhos de Deus, debaixo do temporal.

Fomos avisados de que jamais chegaríamos a Montgomery.

Quando cruzamos o rio Alabama e entramos na cidade, foi como se cruzássemos o nosso próprio mar Vermelho, o nosso próprio rio Jordão. Embora tivessem dito que jamais conseguiríamos, alcançamos as escadarias do capitólio estadual na quinta-feira, 25 de março de 1965. Não era para estarmos ali. Como Luther King tão bem disse em seu discurso: "Nossos pés estão cansados, mas nossas almas não." De fato, nossas almas não estavam cansadas naquela tarde, porque a marcha de Selma a Montgomery era um luminoso momento na história da humanidade. Pessoas de todos os cantos do país vieram para a marcha e protestaram, com os seus pés fatigados, contra os costumes e as leis do Sul. Certa vez, Luther King disse: "Nada poderia deter os pés em marcha de um povo determinado." Naquele dia, nas escadarias do capitólio estadual do Alabama, demonstramos a nossa determinação de mudar a América para sempre.

Nesse contexto, Luther King proferiu este poderoso e comovente discurso. Anunciou ao mundo que havíamos marchado e que continuaríamos a marchar porque "a verdade está a caminho". Da primeira à última palavra, somos lembrados que milhares de pessoas tinham participado de uma difícil jornada desde Selma, no Alabama.

Hoje, ao ler este pronunciamento, vem à mente uma imagem vigorosa de pés em movimento. O fato de encerrar-se em Montgomery tornava aquela marcha um evento único e comovente, pois fora ali que Luther King começara a pregar a sua filosofia e a sua doutrina de não violência. A marcha de Selma a Montgomery foi o último dos grandes protestos não violentos e um dos momentos mais admiráveis do movimento. Quando Luther King fez o seu discurso naquela tarde de quinta-feira, falou para todos nós do fundo de seu coração e de sua alma. Luther King invocou a consciência da nação.

Neste tocante e eloquente discurso, Luther King nos conclama para a marcha. Roga com pura poesia: "Permaneçam comprometidos com a não violência. Nosso objetivo não é derrotar ou humilhar o branco, mas conquistar a sua amizade e a sua compreensão. Devemos perceber que o que buscamos é uma sociedade em paz consigo mesma, uma sociedade que possa viver de acordo com a sua própria consciência. E esse não será o dia do branco ou do negro, mas o dia de todos os seres humanos." Tiro dessas palavras uma mensagem de esperança: nunca, jamais devemos desistir. Devemos usar os nossos corpos, as nossas mãos, os nossos pés e a nossa voz como instrumentos para ajudar a construir uma comunidade de amor.

Essa marcha foi como a saída dos filhos de Israel do Egito, liderados por Moisés. Luther King liderava os afro-americanos e toda a nação em sua saída da escravidão política em direção a uma participação política plena. O protesto e a mensagem deste discurso ajudaram a abrir o processo político para todos os americanos. Luther King deve ser considerado não só como um dos pais fundadores da Nova América, mas como um profeta do século XX. Ele anunciou e profetizou que chegaríamos ao ponto onde nos livraríamos do fardo da raça e criaríamos uma só comunidade, uma só família, a família americana. Ainda posso ouvir-lhe a voz e lembrar, com cristalina clareza, a reação da minha alma diante da sua pergunta: "Quando a radiante estrela da esperança será arremessada contra o escuro seio dessa noite solitária, extraída das almas fatigadas pelos grilhões do medo e pelas algemas da morte? ... Quanto tempo? Não muito, pois o arco do universo moral é longo, mas inclina-se em direção à justiça." Sim, isso é poesia, mas é também um eterno apelo a minha alma e à alma de todos que se renderam ao encanto da oratória de Luther King.

Ao ler este discurso em outro momento da história, comovo-me com a sua força duradoura para despertar a nossa consciência. Seu ânimo, as suas ideias, a sua filosofia, a sua verdade estão vivos neste discurso, que poderia ser intitulado "Continuamos a marchar". Digo isso porque não há nenhum mapa rodoviário, nenhuma planta de localização, nenhuma rodovia, nenhuma corrente de ar no céu para que o arco se incline em direção à justiça, em direção ao sonho de uma comunidade de amor. Luther King afirma que devemos ser inovadores, que devemos descobrir o caminho e continuar marchando.

A beleza da poesia revela-se em cada frase de Luther King, cujas palavras elevavam o espírito. Às vezes, ouvi-lo era como voar nas asas dos anjos. Este pronunciamento sobrevive até os dias de hoje devido a sua visão atemporal de um mundo melhor e mais pacífico.

Começando com a imagem dos pés fatigados, Luther King nos lembra de que devemos descobrir o meio de realizar a obra do Senhor. Hoje, em nossos dias, temos o poder de derrubar as muralhas do racismo, as muralhas da pobreza e as muralhas da intolerância. Inspirados pela mensagem deste discurso e pelo talento do orador, continuamos a marchar. E marchamos com fé, esperança e amor.

*John Lewis* era um dos estudantes que lideraram o movimento dos *sit-ins*[28] de Nashville e cofundador e futuro presidente do SNCC. Lewis discursou em 28 de agosto de 1963, na Marcha sobre Washington, D.C., por Trabalho e Liberdade, e liderou, em 7 de março de 1965, a Marcha do Domingo Sangrento em Selma, Alabama. Sob a sua direção, o Projeto de Educação Eleitoral arregimentou mais de 4 milhões de novos eleitores, provenientes de minorias. Desde 1986, Lewis é membro do Congresso Nacional americano.

*Meus queridos e fiéis amigos, Ralph* Abernathy,[29] distintos americanos presentes neste palco, meus amigos e colaboradores do estado do Alabama, amantes da liberdade de toda a nação e de todo o mundo que aqui se encontram nesta tarde: no último domingo, mais de 8 mil de nós iniciaram em Selma, Alabama, uma difícil jornada. Atravessamos vales sombrios e montes desafiadores. Percorremos estradas sinuosas e descansamos os nossos corpos em acostamentos pedregosos. Alguns de nós tiveram os rostos queimados pelos raios de um sol abrasador. Alguns de nós dormiram literalmente na lama. A chuva nos deixou encharcados. Nossos corpos estão fatigados; nossos pés, doloridos.

Mas hoje, diante de vocês, reflito sobre essa grande marcha, e posso dizer o mesmo que irmã Pollard – uma mulher de 70 anos, que viveu nesta comunidade à época do boicote aos ônibus –, quando um dia lhe perguntaram, enquanto seguia a pé, se não desejava uma carona. "Não", ela respondeu. Perguntaram-lhe, então: "A senhora não está cansada?" Com a sua sabedoria agramatical, ela disse: "Meus *pé tá* cansado, mas minha alma, não." E, nesta tarde, realmente podemos dizer que nossos pés estão cansados, mas nossas almas, não.

Disseram-nos que não chegaríamos até aqui. Houve quem dissesse que só chegaríamos aqui passando sobre cadáveres, mas hoje todo o mundo sabe que estamos aqui diante das poderosas forças do Alabama para dizer: "Ninguém nos fará recuar."

Mas não é por acaso que uma das maiores marchas da história americana se encerre aqui em Montgomery, Alabama. Há apenas dez anos, nesta mesma cidade, a luta dos negros deu origem a uma nova filosofia. Montgomery foi a primeira cidade do Sul na qual toda a comunidade negra unida enfrentou de peito aberto os seus opressores seculares. A partir dessa luta, conquistamos mais que o fim da segregação nos ônibus; mais poderosa do que revólveres e cassetetes, uma nova ideia nasceu. O negro a tomou para si e a carregou em sua luta por todo o Sul, incendiando a nação e o mundo.

Curiosamente, porém, os conflitos mais importantes sempre se desenrolaram e foram vencidos no território do Alabama. Depois de Montgomery, confrontos heróicos eclodiram no Mississippi, no Arkansas, na Geórgia e em toda parte. Mas só quando se enfrentou o colosso da segregação em Birmingham, a consciência da América de fato começou a sangrar. A América branca ficou profundamente tocada, pois testemunhou toda a comunidade negra de Birmingham enfrentar o terror e a brutalidade com majestoso desdém e corajoso heroísmo. E embebida de espírito democrático, a nação finalmente forçou o Congresso a redigir uma legislação na esperança de erradicar de Birmingham essa mácula. A Lei dos Direitos Civis de 1964 deu aos negros parte de sua devida dignidade, mas, sem o direito ao voto, era essa uma dignidade sem força.

Mais uma vez se desembainhou o método da resistência não violenta (*Sim*), e mais uma vez toda uma comunidade se mobilizou para confrontar o adversário (*Sim, Senhor*). E outra vez ecoou, por toda a Terra, o grito brutal de uma ordem agonizante. No entanto, Selma, Alabama, tornou-se um momento luminoso na consciência do homem. Se o que a América tem de pior espreita em suas ruas sombrias, os melhores instintos da América floresceram em toda a nação para superá-lo. Nunca houve um momento na história americana mais digno e mais inspirador do que a peregrinação de religiosos e leigos de todas as raças e de todas as crenças que afluíram a Selma para enfrentar o perigo ao lado dos negros oprimidos.

O confronto entre o bem e o mal encenado nessa pequena cidade gerou a força inabalável que colocou toda a nação num novo rumo. Filho do Sul, um presidente teve a sensibilidade de perceber os anseios da nação e – num discurso que ficará na história como um dos mais apaixonados apelos em prol dos direitos humanos já feitos por um presidente de nossa nação – empenhou o poder do governo federal para eliminar essa praga secular. O presidente Johnson exaltou, com justiça, a coragem do negro ao despertar a consciência da nação.

De nossa parte, devemos render o nosso profundo respeito aos brancos americanos que colocaram as suas tradições democráticas acima dos horríveis costumes e privilégios de gerações e corajosamente se adiantaram para unir as suas mãos às nossas. De Montgomery a Birmingham, de Birmingham a Selma, de Selma de volta a Montgomery, traçou-se um círculo longo e, muitas vezes, sangrento, que, no entanto, transformou-se na estrada que nos livrou da escuridão. Alabama procurou proteger e defender o mal, mas o mal está morrendo asfixiado nas ruas e nas estradas poeirentas deste estado. Assim, aqui estou nesta tarde diante de vocês, com a convicção de que a segregação está em seu leito de morte no Alabama, e só nos resta saber quanto Wallace e os segregacionistas estão dispostos a pagar por esse funeral.

Toda a nossa campanha no Alabama se concentrou no direito ao voto. Hoje, ao chamar a atenção da nação e do mundo para a negação desse direito, expomos as verdadeiras raízes – as raízes mais profundas – da segregação racial nos estados do Sul. O costume da segregação racial não surgiu como uma consequência natural do ódio entre as raças, logo após a Guerra Civil. Naquela época, não havia leis segregacionistas. Como o notável historiador C. Vann Woodward claramente aponta, em seu livro *A estranha carreira de Jim Crow*, a segregação entre raças foi, na realidade, uma estratégia política dos emergentes conservadores sulistas, que desejavam dividir as massas e baratear a mão de obra. Vejam, era simples manter as massas de brancos pobres trabalhando por um salário de fome nos anos que se seguiram à Guerra Civil, pois, se os humildes trabalhadores rurais brancos ficassem insatisfeitos com os seus baixos salários, os poderosos fazendeiros simplesmente ameaçavam demiti-los e contratar, por um salário ainda menor, um ex-escravo. Assim, o nível salarial dos estados do Sul era mantido insuperavelmente baixo.

Ao fim do período da Reconstrução, algo extremamente importante aconteceu. Surgiu ali o que ficou conhecido como o Movimento Populista. Os líderes desse movimento começaram a despertar as massas de brancos pobres e os ex-escravos para o fato de eles estarem sendo explorados pelos conservadores emergentes. Mas isso não foi tudo, pois esse movimento começou a unir as massas de brancos e negros em um bloco eleitoral que ameaçava alijar do poder no Sul os interesses conservadores.

Para fazer frente a essa ameaça, os aristocratas sulistas imediatamente começaram a arquitetar o desenvolvimento de uma sociedade segregacionista. Quero que me acompanhem neste ponto, pois é extremamente importante para enxergar as raízes do racismo e da negação do direito ao voto. Por meio do controle dos meios de comunicação, eles ressuscitaram a doutrina da supremacia branca, com a qual bombardearam a mente das massas de brancos pobres, afastando de seu pensamento o real problema envolvido no Movimento Populista. Dirigiram, então, a consolidação de leis que tornavam crime, nos códigos sulistas, a igualdade ampla e irrestrita de negros e brancos (*Sim, Senhor*). E foi esse o fim. Isso abalou e, finalmente, destruiu o Movimento Populista do século XIX.

Se pode-se dizer, sobre o período de escravidão, que o branco conquistou o mundo e ofereceu Jesus ao negro, deve-se dizer, sobre o período da Reconstrução, que a aristocracia sulista conquistou o mundo e ofereceu Jim Crow[30] ao branco pobre (*Sim, Senhor*). Ela ofereceu Jim Crow, e quando o seu estômago vazio gritava pela comida que os seus bolsos vazios não podiam pagar, devorou Jim Crow, um passarinho que lhe contou que, na pior das circunstâncias, ao menos tinha ela a sorte de ser branca, e não negra. E, assim, ela devorou Jim Crow. E quando os seus filhos subnutridos clamavam pelas necessidades que o seu salário miserável não podia pagar, ela lhes mostrou, nos ônibus e nas lojas, nas ruas e nos prédios públicos, as tabuletas de Jim Crow (*Sim, Senhor*). E também os seus filhos aprenderam a se alimentar de Jim Crow, o estágio mais avançado do esquecimento psicológico (*Sim, Senhor*).

Assim, a ameaça do livre exercício do voto pelas massas de negros e brancos resultou no estabelecimento de uma sociedade segregacionista. Segregaram o dinheiro sulista dos brancos pobres; segregaram os costumes sulistas dos brancos ricos; segregaram as igrejas sulistas do Cristianismo; segregaram as mentes sulistas do senso de justiça; e segregaram o negro de tudo o mais. Assim, foi quando as massas de negros e brancos do Sul ameaçaram se unir e construir uma sociedade grandiosa: uma sociedade de justiça, onde ninguém abusaria da fraqueza dos outros; uma sociedade de fartura, onde a ambição e a pobreza seriam eliminadas; uma sociedade de fraternidade, onde cada homem respeitaria a dignidade e o valor da personalidade humana (*Sim, Senhor*).

Percorremos um longo caminho desde que essa falsa justiça foi imposta à mente americana. James Weldon Johnson mostrou-o de forma eloquente:

> Pelo caminho
> banhado em lágrimas,
> de nossos mortos
> o sangue vimos.
>
> E a noite escura
> se desvanece
> nesta manhã
> de terno brilho.

Hoje quero anunciar à cidade de Selma, hoje quero anunciar ao estado do Alabama, hoje quero anunciar ao povo da América e de todo o mundo que não recuaremos (*Sim, Senhor*). Agora estamos a caminho.

Sim, estamos a caminho e nenhuma onda de racismo poderá nos conter. Agora estamos a caminho. Os atentados às nossas igrejas não nos deterão. Os atentados às nossas casas não nos dissuadirão. Estamos a caminho. O espancamento e a morte de pastores e jovens não nos desviarão. Estamos a caminho. A perniciosa impunidade de seus famigerados assassinos não nos desencorajará. Estamos a caminho. Como uma ideia cuja hora chegou, nem a marcha de exércitos poderosos poderá nos refrear. Caminhamos rumo à terra da liberdade (*Sim, Senhor*).

Que a nossa marcha triunfante continue em direção à realização do sonho americano. Marchemos sobre as casas segregadas até que cada gueto de depressão econômica e social se dissolva, e negros e brancos vivam lado a lado em moradias decentes, seguras e saneadas. Marchemos sobre escolas segregacionistas até que qualquer vestígio de educação segregadora e inferior se torne coisa do passado, e negros e brancos estudem lado a lado no ambiente socialmente saudável da sala de aula.

Marchemos sobre a pobreza até que nenhum pai na América tenha de abrir mão de uma refeição para alimentar os seus filhos. Marchemos sobre a pobreza até que nenhum homem faminto vague pelas ruas de nossas cidades, em busca de um trabalho inexistente. Marchemos sobre a pobreza até que os estômagos vazios do Mississippi fiquem satisfeitos, e as indústrias ociosas dos Apalaches sejam revitalizadas e rentáveis, e vidas despedaçadas em guetos sufocantes sejam reconstruídas e remodeladas.

Marchemos sobre as urnas eleitorais, marchemos sobre as urnas eleitorais até que todos os racistas desapareçam da cena política. Marchemos sobre as urnas eleitorais até que as visíveis injustiças de multidões sanguinárias se transformem na calculada justiça de pacatos cidadãos. Marchemos sobre as urnas eleitorais até que os Wallaces desta nação silenciosamente se dispersem. Marchemos sobre as urnas eleitorais até que mandemos aos conselhos municipais (*Sim, Senhor*), às câmaras estaduais (*Sim, Senhor*) e ao Congresso dos Estados Unidos (*Sim, Senhor*) homens que não temam agir com justiça, amor, misericórdia, e caminhem com humildade ao lado do Senhor.

Marchemos sobre as urnas eleitorais até que a fraternidade se torne mais que uma palavra sem significado numa prece inicial, a ordem do dia em qualquer agenda política. Marchemos sobre as urnas eleitorais até que por todo o Alabama os filhos de Deus caminhem sobre a terra com honra e decência.

Nesse sentido, nada há de errado nessa marcha (*Sim, Senhor*). A Bíblia nos diz que os valentes guerreiros de Josué simplesmente caminharam até os arredores das muralhas de Jericó e os obstáculos à liberdade vieram ao chão. Gosto daquela velha canção dos negros "Josué lutou na batalha de Jericó". Em sua singela, mas vívida, descrição desse grandioso momento da história bíblica, a música nos diz:

Josué lutou na batalha de Jericó,
Josué lutou na batalha de Jericó,
E as muralhas vieram ao chão.

Sobre as muralhas de Jericó
eles marcharam, lanças na mão.
"Toquem as trombetas", falou Josué,
"Pois a batalha *tá* na minha mão".

Recitei-lhes as palavras exatamente como as criou um anônimo compositor negro; esse bardo, há muito desaparecido, legou à posteridade versos agramaticais, mas que tão bem se ajustam aos nossos dias.

A batalha está em nossas mãos. E podemos responder com profícua não violência ao chamado das alturas, às quais as novas diretrizes de nossa luta nos convocam (*Sim, Senhor*). A estrada adiante não é de modo algum suave (*Não*). Não há rodovias que levem tranquila e inevitavelmente a soluções fáceis. Mas devemos prosseguir.

Sob a luz da minha escrivaninha há algumas noites, mais uma vez contemplei os extraordinários sinais de nossos tempos, cheios de esperança e de promessa para o futuro. E sorri ao ver nos jornais as fotografias dos ativistas de muitas décadas atrás; as faces tão iluminadas, tão solenes, de nossos valorosos heróis, os homens de Montgomery. A essa lista se acrescentam os nomes daqueles que lutaram e, sim, morreram nos exércitos da não violência de nossos dias: Medgar Evers;[31] três ativistas dos direitos civis em Mississipi no último verão;[32] William Moore;[33] o reverendo James Reeb;[34] Jimmy Lee Jackson;[35] e quatro garotinhas numa casa de Deus em Birmingham, no último domingo.[36] Apesar disso, devemos prosseguir e garantir que as suas mortes não tenham sido em vão. As marcas de seus pés, entre as barreiras de Jim Crow, ao longo do grandioso caminho para a liberdade, são o trovão do exército de Josué, e o mundo treme sob os seus pés.

Meu povo, meu povo, escute (*Sim, Senhor*). A batalha está em nossas mãos. A batalha está em nossas mãos no Mississippi, no Alabama e em todos os Estados Unidos. Sei que hoje há um clamor no Alabama; vemos em vários editoriais: "Quando Martin Luther King, a SCLC, o SNCC, e todos esses agitadores do movimento por direitos civis, e todos os religiosos brancos, e líderes trabalhistas, e estudantes, e todos os demais deixarão a nossa comunidade e permitirão que o Alabama retorne à normalidade?"

Quero, esta noite, deixar uma mensagem aqui no Alabama. Isso é justamente o que não faremos e não permitiremos que aconteça, pois sabemos que foi a normalidade em Marion que levou ao brutal assassinato de Jimmy Lee Jackson. Foi a normalidade em Birmingham (*Sim*) que levou ao assassinato na manhã de domingo de quatro belas, inocentes e inofensivas meninas. Foi a normalidade na *Highway 80* (*Sim, Senhor*) que levou a polícia estadual a usar gás lacrimogêneo, cavalos e cassetetes contra seres humanos desarmados, que simplesmente marchavam por justiça. Foi a normalidade num café em Selma, Alabama, que levou ao brutal espancamento do reverendo James Reeb.

É a normalidade em todo o país (*Sim, Senhor*) que deixa o negro definhar em uma ilha de pobreza em meio a um vasto oceano de prosperidade material. É a normalidade em todo o Alabama (*Sim*) que impede que o negro se registre como eleitor. Não, não permitiremos que o Alabama volte à normalidade.

A única normalidade que aceitaremos é a normalidade que reconheça a dignidade e o valor de todos os filhos de Deus. A única normalidade que aceitaremos é a normalidade que permita que a justiça corra como as águas, e que a virtude seja uma corrente poderosa. A única normalidade que aceitaremos é a normalidade da fraternidade, a normalidade da paz verdadeira, a normalidade da justiça.

E assim, quando formos embora nesta tarde, estejamos, mais do que nunca, comprometidos com essa luta e comprometidos com a não violência. Devo admitir que dias piores virão. Ainda enfrentaremos uma temporada de sofrimento em muitas cidades do cinturão negro do Alabama, em muitas regiões do Mississippi, em muitas regiões da Louisiana. Devo admitir a vocês que há celas de prisão e momentos difíceis e sombrios à nossa espera. Se prosseguirmos com a fé de que o poder da não violência pode transformar o passado sombrio em um futuro iluminado, poderemos mudar todas essas circunstâncias.

E assim, ao nos separarmos, rogo a vocês nesta tarde: permaneçam comprometidos com a não violência. Nosso objetivo não é derrotar ou humilhar o branco, mas conquistar a sua amizade e a sua compreensão. Devemos perceber que o que buscamos é uma sociedade em paz consigo mesma, uma sociedade que possa viver de acordo com a sua própria consciência. E esse não será o dia do branco ou do negro, mas o dia de todos os seres humanos.

Sei que vocês se perguntam hoje: "Quanto tempo isso demorará?" E alguém pergunta: "Por quanto tempo mais o preconceito cegará a visão do homem, escurecerá o seu entendimento, e afastará a iluminada sabedoria do seu trono sagrado?" E alguém pergunta: "Quando a justiça ferida, prostrada nas ruas de Selma, de Birmingham e de todas as comunidades do Sul, levantar-se-á da poeira da vergonha para reinar suprema entre os filhos dos homens?" E alguém pergunta: "Quando a radiante estrela da esperança será arremessada contra o escuro seio dessa noite solitária, extraída das almas fatigadas pelos grilhões do medo e pelas algemas da morte? Por quanto tempo mais será a justiça crucificada diante da tolerância da verdade?"

Venho para lhes dizer, nesta tarde, que, por mais difícil que seja o momento, por mais frustrante que seja a hora, isso não demorará (*Não, Senhor*), porque a verdade, esmagada contra a terra, novamente se erguerá.

Quanto tempo? Não muito (*Sim, Senhor*), pois nenhuma mentira é eterna.

Quanto tempo? Não muito, pois colheremos o que semeamos.

Quanto tempo? Não muito.

No cadafalso, a verdade;
No trono, sempre a injustiça.
Porém o nosso futuro
O cadafalso ilumina,
E vela Deus por Seus filhos
por trás das trevas infindas.

Quanto tempo? Não muito, pois o arco do universo moral é longo, mas se inclina em direção à justiça.

Quanto tempo? Não muito, pois:

Meus olhos viram a glória da vinda do Senhor;
Que avança sobre os campos das vinhas do rancor;
Irradiando o destino, com sua espada na mão;
Sua verdade está a caminho.

Soam as altas trombetas que jamais recuarão;
Antes do dia do juízo, examina o humano coração.
Minha alma então responde e se alegram meus pés!
Nosso Deus está a caminho.

Glória, glória, aleluia! Glória, glória, aleluia!
Glória, glória, aleluia!
Sua verdade está a caminho.

*Proferido em Montgomery, Alabama, em 25 de março de 1965*

# Além do Vietnã

# Apresentação
## *Embaixador George McGovern*

Talvez o único outro tema dos anos 1960 que rivalizava com o movimento por direitos civis fosse a guerra em andamento no Vietnã. De 1965 a 1975, a Guerra dos Vietnã tornou-se o assunto transcendente da política americana e, lado a lado com o movimento por direitos civis, tornou aquela década mais explosiva do que qualquer outra que tenha tomado a nação desde a Guerra Civil.

Aqueles que apoiavam a participação dos Estados Unidos na guerra viam-na como um esforço necessário para conter a expansão do comunismo na Ásia, sob a influência da China comunista e da União Soviética. Se o Vietnã fosse governado pelo líder Ho Chi Minh, eles acreditavam que a infecção comunista se espalharia pelos países vizinhos e por quase toda a Ásia. Com base no chamado "efeito dominó", argumentavam que se a primeira peça desse jogo – o Vietnã – tombasse diante do comunismo, logo o país seguinte tombaria, e assim por diante.

Aqueles de nós que se opunham ao envolvimento americano no Vietnã tinham um ponto de vista radicalmente diferente sobre essa questão. O Vietnã fora por muito tempo uma colônia francesa que lutara pela conquista de sua independência; Ho Chi Minh, o líder desse movimento, era presumivelmente comunista, porém, antes de mais nada, era o herói corajoso e popular da independência de seu país. Víamos a intervenção americana como um esforço mal direcionado que devastava o território vietnamita, destruía a vida nas vilas, corrompia a política e mutilava e matava milhares de jovens americanos e centenas de milhares de vietnamitas. Enfim, acreditávamos que o envolvimento de tropas americanas – 500 mil homens – e o bombardeio aéreo, que superava o da Segunda Guerra Mundial, fracassariam. De fato, essa maciça intervenção militar fracassou e os Estados Unidos finalmente evacuaram o seu embaixador e os funcionários da embaixada em Saigon, em 30 de abril de 1975.

Como consequência da experiência vietnamita, muitos americanos, especialmente os jovens, ficaram desiludidos com as políticas interna e externa da América. Eles viam a guerra como uma negação dos ideais americanos de autodeterminação, justiça e decência. O número deplorável de jovens negros convocados para a luta no Vietnã – como nunca se vira em nenhuma outra guerra – era obviamente uma flagrante injustiça.

O profundo envolvimento dos Estados Unidos na Guerra do Vietnã representou um difícil desafio para Martin Luther King. Na fase inicial do conflito, ele e os seus assessores assumiram a postura de que a crise dos direitos civis na América era tão urgente e Luther King tão bem-moldado para liderar o movimento, que ele não deveria desperdiçar, com a guerra, as suas energias e a sua liderança.

De 1965 em diante, um crescente número de proeminentes senadores contestava o engajamento militar americano no Sudeste Asiático. Estudantes, intelectuais, religiosos, empresários, profissionais liberais e sindicalistas se envolviam com palestras, protestos e petições ao Congresso para pôr fim à guerra.

Luther King acreditava, como a maioria de seus assessores, que outros americanos poderiam levar adiante o esforço contra a guerra e que ele deveria se ater à causa dos direitos civis. No entanto, à medida que a guerra se alongava e o bombardeio americano devastava mais e mais a pátria vietnamita, Luther King decidiu que, como um ativista da justiça e da humanidade, ele deveria manifestar publicamente a sua preocupação com relação ao Vietnã.

Ele enviou um de seus assessores para me encontrar no verão de 1967. Como senador democrata por Dakota do Sul, eu falava contra o envolvimento americano no Vietnã há muitos anos. Argumentava que era um equívoco enviar jovens americanos para morrer num conflito civil cujas razões praticamente ignorávamos. Era um equívoco ainda maior acreditar no nacionalismo. Ho Chi Minh e os seus aliados carregavam a bandeira da independência vietnamita. Eles nos apoiaram contra os japoneses durante a Segunda Guerra Mundial. Terminado o conflito, eles se confrontaram e finalmente derrotaram os colonialistas franceses em 1954. Infelizmente, aliamo-nos aos franceses na tentativa de conter a independência dos vietnamitas – a mesma cartada infeliz que causou a morte de 58 mil vidas americanas após a França sair do jogo. Os líderes franceses alertaram-nos sobre a contínua luta de Ho Chi Minh, comparando-o a George Washington e a sua luta para conquistar a independência dos Estados Unidos.

Apresentei esses argumentos ao assessor de Luther King. Como alguém que respeitava profundamente a liderança de Luther King no campo dos direitos civis, expressei o ponto de vista de que também precisávamos de sua poderosa voz moral no esforço para pôr fim à guerra.

O emissário disse que Luther King considerava seriamente a possibilidade de um pronunciamento sobre as questões morais levantadas pela guerra, mas que ele desejava evitar os aspectos mais políticos do conflito.

Luther King, no entanto, estava ciente dos custos econômicos da guerra que comprometiam os programas domésticos, importantes para os seus grupos de interesse: os pobres, as minorias, as mulheres e as crianças. Em certo sentido, cada bomba ou granada que caía sobre um alvo vietnamita reduzia também a educação, a moradia e a saúde dos americanos mais carentes. Dólares usados no Vietnã para matar, mutilar e destruir eram retirados dos programas sociais que deveriam melhorar as condições de vida dos americanos.

Luther King enunciou posições semelhantes em "Além do Vietnã", o brilhante discurso que ele, por fim, proferiu em Nova York, um discurso que reiterou a importância da mudança social não violenta e o seu profundo compromisso de igualar os direitos de toda a humanidade. Se não tivesse sido assassinado na primavera de 1968, não tenho dúvida de que a voz de Luther King se elevaria ainda mais contra aquela guerra, que só se encerraria na primavera de 1975.

*George McGovern* (1922-2012), candidato democrata à Presidência dos Estados Unidos em 1972, opôs-se ao envolvimento do país no Vietnã. Foi representante norte-americano na Organização das Nações Unidas para Agricultura e Alimentação (FAO).

*Sr. presidente [da mesa], senhoras e senhores,* não preciso me deter para dizer como estou contente em estar aqui esta noite e como estou contente em vê-los tão interessados nos temas que serão aqui discutidos, ao comparecer em tão grande número. Também queria dizer que considero uma grande honra dividir o tempo com alguns dos mais notáveis líderes e personalidades de nosso país, como Bennett, Commager e o rabino Heschel. Aqui, ao longo dos últimos oito anos, tenho tido o privilégio de pregar com frequência, e sempre é uma experiência rica e recompensadora vir a esta grandiosa igreja e a este grandioso púlpito.

Nesta noite, venho a este magnífico templo porque minha consciência não me dá alternativa. Junto-me a vocês neste encontro, pois concordo profundamente com os objetivos e o trabalho da organização que nos reuniu: Religiosos e Leigos Preocupados com o Vietnã. As mais recentes declarações de seu comitê executivo expressam o meu próprio sentimento e estou plenamente de acordo com as suas palavras iniciais: "Chega a hora em que o silêncio é traiçoeiro." No que diz respeito ao Vietnã, essa hora chegou.

É indubitável a verdade dessas palavras, mas a missão para a qual ela nos leva é difícil. Mesmo quando pressionados por uma verdade interior, os homens não assumem com facilidade a tarefa de se opor à política do seu próprio governo, especialmente em tempos de guerra. Nem o espírito humano se move sem grande dificuldade contra toda a apatia do pensamento conformista no íntimo de cada um e no mundo ao redor. Além disso, quando os temas em questão parecem tão desconcertantes – como geralmente o são, no caso desse terrível conflito – estamos sempre à beira de sermos imobilizados pela incerteza. Mas devemos prosseguir.

Alguns de nós, que já começaram a romper o silêncio da noite, descobriram que o chamado à fala é muitas vezes uma dolorosa vocação, mas precisamos falar. Devemos falar com toda a humildade que a nossa limitada visão nos exige, mas precisamos falar. E devemos igualmente nos alegrar, pois esta é, com certeza, a primeira vez na história de nossa nação que um número significativo de líderes religiosos escolheu ir além da expressão de um patriotismo vazio às elevadas alturas de uma firme discordância, com base nos mandamentos da consciência e na compreensão da história. Talvez um novo espírito esteja nascendo entre nós. Se assim for, rastreemos o seu caminho e roguemos que o nosso próprio ser seja sensível a essa orientação. Pois estamos profundamente necessitados de um novo caminho para além da escuridão que tão próxima está de nós.

Ao longo dos dois últimos anos, à medida que busquei quebrar o meu próprio silêncio traiçoeiro e falar do fundo do meu próprio coração, à medida que clamei para nos afastarmos da destruição do Vietnã, muitas pessoas me questionaram sobre a sensatez desse caminho. No âmago de suas preocupações, surgiam frequentemente alguns questionamentos: "Por que o senhor está falando do Vietnã? Por que o senhor se junta às vozes dissidentes?" E afirmavam: "Paz e direitos civis não se misturam." E tornavam a perguntar: "O senhor não está ferindo a causa de seu povo?" E quando os escuto, embora compreenda a razão de suas preocupações, fico, no entanto, profundamente entristecido, pois as perguntas revelam que essas pessoas de fato não me conhecem, não sabem do meu compromisso, nem da minha mensagem. De fato, essas perguntas revelam que elas não conhecem o mundo em que vivem. À luz de tão trágica compreensão, julgo ser de suma importância tentar expressar, com clareza e concisão, por que acredito que o caminho desde a igreja batista da avenida Dexter – o templo batista em Montgomery, Alabama, onde comecei a minha pregação – me traz claramente a este santuário, nesta noite.

Subo hoje a este palco para fazer um apaixonado apelo à minha amada pátria. Não dirijo esta fala a Hanói ou à Frente de Libertação Nacional. Não a dirijo à China ou à Rússia. Nem é uma tentativa de ignorar a ambiguidade da situação e a necessidade de uma solução consensual para a tragédia do Vietnã. E tampouco é uma tentativa de tornar o Vietnã ou a Frente de Libertação Nacional modelos de virtude, nem de ignorar o papel que deverão desempenhar na solução desse problema. Embora os dois devam ter as suas justas razões para suspeitar da boa-fé dos Estados Unidos, a vida e a história dão um testemunho eloquente sobre o fato de que conflitos jamais são resolvidos sem que ambos os lados confiantemente façam concessões. Nesta noite, entretanto, não me dirijo a Hanói nem à Frente de Libertação Nacional, mas a meus compatriotas.

Como sou por vocação um pregador, suponho que não seja surpreendente que eu tenha sete grandes motivos para trazer o Vietnã para o campo da análise moral. Há uma relação muito evidente e quase óbvia entre a Guerra do Vietnã e a luta que muitos de nós travamos na América. Há poucos anos houve um momento brilhante nessa luta. Parecia haver uma promessa real de esperança para os pobres, brancos e negros igualmente, com o programa de combate à pobreza. Houve experiências, esperanças e recomeços. Então veio o esforço de guerra no Vietnã e assisti ao enfraquecimento e à derrocada desse programa como se fosse algum desperdício de uma sociedade enlouquecida pela guerra. E eu sabia que a América jamais investiria as verbas ou as energias necessárias para reabilitar os seus pobres, enquanto aventuras como a do Vietnã continuassem a drenar homens, habilidades e dinheiro como uma força demoníaca e destrutiva. Então me senti cada vez mais compelido a ver a guerra como um inimigo dos pobres e a atacá-la como tal.

Talvez o reconhecimento mais trágico da realidade tenha ocorrido quando se tornou evidente para mim que a guerra, mais do que destruir a esperança dos pobres em nosso próprio quintal, enviava os seus filhos, e irmãos, e maridos para lutar e morrer em proporções relativamente maiores se comparadas ao resto da população. Os jovens negros que foram frustrados pela nossa sociedade são enviados ao Sudeste Asiático, para garantir, a mais de 12 mil quilômetros de distância, liberdades que inexistem aqui no sudoeste da Geórgia ou no leste do Harlem. Assim fomos repetidamente confrontados pela cruel ironia de assistir pela televisão a jovens negros e brancos morrerem lado a lado por uma nação que não permitiu que dividissem os mesmos bancos escolares. Assistimos, então, a essa brutal solidariedade que os levava a incendiar juntos as casas de uma aldeia, mas percebemos que dificilmente eles morariam no mesmo quarteirão em Chicago. Não poderia me silenciar diante de tão cruel manipulação dos pobres.

Minha terceira razão leva-me a um nível ainda mais profundo de consciência, por nascer da minha experiência nos guetos do Norte, ao longo dos três últimos anos, em particular, dos três últimos verões. Ao andar entre jovens desesperados, rejeitados e agressivos, eu dizia-lhes que coquetéis-molotov e rifles não resolveriam os seus problemas. Tentei oferecer-lhes a minha profunda compaixão enquanto mantinha a minha convicção de que a mudança social se conquista de forma significativa por meio da não violência. Mas, com razão, eles perguntavam: “E o Vietnã?” Eles me perguntavam se nossa própria nação não estava usando doses maciças de violência para resolver os seus problemas, para forjar as mudanças que desejava. As perguntas atingiram o alvo, e eu soube que jamais poderia levantar minha voz outra vez contra a violência dos oprimidos nos guetos sem antes falar claramente do maior fornecedor de violência do mundo hoje: o meu próprio governo. Em nome desses rapazes, em nome desse governo, em nome dos povos atemorizados pela nossa violência, não posso silenciar.

Para aqueles que me perguntam: “Você não é um líder dos direitos civis?” e, dessa forma, desejam excluir-me do movimento pela paz, tenho a seguinte resposta. Em 1957, quando criamos a Conferência da Liderança Cristã do Sul, escolhemos como lema “Salvar a alma da América”. Estávamos convencidos de que não poderíamos limitar a nossa visão a certos direitos para os negros, mas sim afirmar a convicção de que a América jamais se libertaria de si mesma até que os descendentes de escravos fossem totalmente libertados dos grilhões que ainda carregavam. De certa forma, concordávamos com Langston Hughes, o bardo negro do Harlem, que anteriormente escreveu:

Oh, sim, falo com clareza,
A América nunca foi América para mim,
E, no entanto, eu juro:
Será, enfim!

Deveria ser de uma clareza resplandecente que ninguém hoje que se preocupe com a integridade e com a vida da América pode ignorar a presente guerra. Se a alma americana morrer totalmente envenenada, em seu atestado de óbito constará o nome do Vietnã. A nação não poderá ser salva enquanto destruir as esperanças mais profundas dos homens de todo o mundo. E eis que aqueles que ainda estão determinados a construir uma América que "será, enfim" são levados ao caminho do protesto e da dissidência, trabalhando pela sanidade de nossa terra.

Como se o peso desse comprometimento com a vida e a saúde da América não fosse suficiente, outro fardo de responsabilidade foi sobre nós colocado em 1964. E não posso esquecer que o prêmio Nobel da Paz era também um compromisso, um compromisso para trabalhar mais duro do que jamais trabalhara antes pela fraternidade entre os homens. Esse é um chamado que me leva além da lealdade à pátria.

Porém, mesmo sem o prêmio, eu ainda teria que viver de acordo com o significado do meu compromisso como ministro de Jesus Cristo. Para mim, a relação desse ministério com a concretização da paz é tão óbvia que às vezes me espanto com aqueles que me perguntam por que falo contra a guerra. Por acaso não sabem que a boa-nova veio para todos os homens – para comunistas e capitalistas, para os seus filhos e os nossos, para negros e brancos, para revolucionários e reacionários? Terão esquecido que o meu ministério obedece Àquele que amou os Seus inimigos de tal forma que morreu por eles? O que posso então dizer, como um fiel ministro de Jesus, ao vietcongue, a Castro ou a Mao? Posso ameaçá-los com a morte ou devo partilhar com eles a minha vida?

Por fim, à medida que tento explicar a vocês e a mim mesmo o porquê de essa estrada ter me trazido de Montgomery até aqui, eu lhes ofereceria a mais valiosa verdade se simplesmente dissesse que devo ser fiel à convicção de que divido com todos os homens o chamado para ser um filho de Deus em vida. Acima do chamado da raça, da nação ou do credo, reconheço a paternidade de Deus e a fraternidade entre os homens. Como acredito que o Pai está profundamente comprometido, em especial com os seus filhos que sofrem sem ajuda e proteção, venho nesta noite falar em nome deles. Acredito que esse seja o privilégio e o fardo de todos nós que nos consideramos ligados pelas fidelidades e lealdades que são maiores e mais profundas do que o nacionalismo e que vão além dos objetivos e das posições das autodenominadas nações. Somos chamados a falar pelos fracos, pelos que não têm voz, pelas vítimas da nação, pelos nossos "inimigos", pois nenhum documento escrito por mãos humanas pode impedir que esses homens sejam nossos irmãos.

E enquanto pondero sobre a loucura do Vietnã e procuro dentro de mim mesmo caminhos para compreender e responder com compaixão, a minha mente viaja constantemente até o povo daquela península. Falo agora não dos soldados de ambos os lados, nem das ideologias da Frente de Libertação, nem da junta de Saigon, mas simplesmente do povo que ali vive em meio à guerra ao longo de quase três décadas. Penso neles, também, porque é evidente para mim que não haverá nenhuma solução significativa até que alguma tentativa seja feita para conhecê-los e ouvir-lhes as queixas.

Eles devem ver os americanos como estranhos libertadores. O povo vietnamita proclamou a sua própria independência em 1954 – ou melhor, em 1945 –, depois da ocupação nipo-francesa e antes da revolução comunista chinesa. Eles foram liderados por Ho Chi Minh. Mesmo que tenham citado a Declaração de Independência dos Estados Unidos em seu documento de libertação, recusamo-nos a reconhecer a sua independência. Em vez disso, decidimos apoiar a França na tentativa de retomar a antiga colônia. Nosso governo sentiu, portanto, que o povo vietnamita não estava preparado para a independência e de novo fomos vitimados pela mortal arrogância do Ocidente, que envenenou o cenário internacional por tanto tempo. Com essa trágica decisão, rejeitamos um governo revolucionário em busca da autodeterminação, um governo que fora estabelecido não pela China – pela qual os vietnamitas não têm grande afeição –, mas claramente por forças locais, que incluíam alguns comunistas. Para os camponeses, esse novo governo significava a possibilidade de uma verdadeira reforma agrária, uma das maiores necessidades de suas vidas.

Nove anos após 1945, negamos ao povo vietnamita o direito à independência. Por nove anos, apoiamos vigorosamente os franceses no abortivo esforço de recolonizar o Vietnã. Antes do fim do conflito, éramos responsáveis por 80% dos custos de guerra da França. Mesmo antes de os franceses serem derrotados em Dien Bien Phu, eles começaram a se desesperar por causa da sua ação inconsequente, mas nós, não. Nós os encorajamos com grandes financiamentos e apoio militar a continuar a guerra, até mesmo depois que eles perderam a motivação. Logo arcaríamos com todos os custos dessa trágica tentativa de recolonização.

Depois que os franceses foram derrotados, parecia que a independência e a reforma agrária viriam por meio dos Acordos de Genebra.[37] Mas, em vez disso, vieram os Estados Unidos determinados a não permitir que Ho unificasse o país, temporariamente dividido, e os camponeses testemunharam mais uma vez o nosso apoio a um dos mais viciosos ditadores modernos, o homem que escolhemos, o premiê Diem. Os camponeses viram tudo isso e se recolheram, enquanto Diem impiedosamente destruía toda a oposição, apoiava os extorsivos proprietários de terras e se recusava inclusive a discutir a reunificação com o Norte. Os camponeses viram tudo isso ser feito sob a influência dos Estados Unidos e logo sob a vigilância de tropas americanas, cada vez mais numerosas, que ajudavam a sufocar a insurgência que os métodos de Diem produziam. Quando Diem foi deposto, talvez os vietnamitas tenham ficado felizes, mas a longa série de ditadores não lhes oferecia qualquer mudança real, especialmente em termos de suas necessidades por terra e paz.

A única mudança efetiva veio da América, à medida que aumentávamos as nossas tropas no apoio de governos que eram particularmente corruptos, ineptos e impopulares. De repente, o povo lia os nossos folhetos e recebia as mesmas promessas de paz, democracia e reforma agrária. Agora eles agonizavam sob as nossas bombas e, em lugar dos compatriotas vietnamitas, os verdadeiros inimigos éramos nós. Triste e apaticamente, eles deixaram as terras de seus pais e foram para campos de concentração, onde as necessidades sociais mínimas raras vezes são atendidas. Eles sabiam que deveriam partir ou seriam destruídos pelas nossas bombas.

E assim foi: primeiro as mulheres e as crianças e, depois, os velhos. Eles assistiram ao envenenamento das águas, à destruição de milhões de acres de suas colheitas. Talvez tenham chorado à medida que rugiam os tratores que se preparavam para destruir as suas preciosas árvores. Nos hospitais, para cada 20 vítimas do poder de fogo americano eles encontravam, em suas andanças, apenas um ferido pelos vietcongues. Até agora, devemos ter matado 1 milhão de vietnamitas, a maioria crianças. Eles vagam pelas cidades e veem milhares de crianças, desabrigadas e nuas, correndo aos montes pelas ruas como animais. Eles veem as crianças humilhadas pelos nossos soldados, enquanto imploram por comida. Eles veem as crianças, a pedido das mães, vendendo as irmãs aos nossos soldados.

O que pensam os camponeses à medida que nos aliamos aos proprietários de terra e nos recusamos a pôr em prática qualquer ação referente à reforma agrária? O que pensam enquanto testamos as nossas armas mais modernas, da mesma forma que os alemães testaram novos medicamentos e novos métodos de tortura em campos de concentração na Europa? Onde estão as raízes da independência vietnamita que clamamos estar construindo? Estão em meio aos que não têm voz?

Destruímos duas de suas mais queridas instituições: a família e a aldeia. Destruímos as suas terras e as suas colheitas. Cooperamos na destruição da única forma política revolucionária não comunista da nação: a Igreja Budista. Apoiamos os inimigos dos camponeses de Saigon. Corrompemos suas mulheres e seus filhos, e matamos os seus homens.

Agora, além do ressentimento, há muito pouco para ser construído. Logo as únicas fundações sólidas que permanecerão de pé serão as bases militares e os campos de concentração, que chamamos de "aldeias fortificadas". Os camponeses se perguntam também se são essas as bases sobre as quais planejamos construir o nosso novo Vietnã. Poderíamos culpá-los por pensar assim? Devemos falar por eles e fazer as perguntas que não fazem. Eles, também, são nossos irmãos.

Talvez uma tarefa mais difícil e não menos necessária seja falar por aqueles que foram considerados nossos inimigos. O que sabemos da Frente de Libertação Nacional, esse estranho e anônimo grupo que chamamos de "VC" ou de "comunistas"? Que pensam eles dos Estados Unidos da América quando percebem que aceitamos a repressão e a crueldade de Diem, que levou ao surgimento desse grupo de resistência no Sul? Que pensam eles de nossa tolerância com a violência que levou à sua própria tomada de armas? Como eles podem acreditar em nossa integridade quando agora falamos de "agressão do Norte", como se as raízes da guerra não fossem mais profundas? Como podem acreditar em nós quando, depois do reino assassino de Diem, agora os culpamos pela violência; e os culpamos pela violência enquanto as nossas novas armas de guerra espalham a morte em seu território? Certamente devemos compreender que esses homens que apoiamos os levaram à violência. Certamente devemos perceber que os nossos próprios planos de destruição computadorizados simplesmente atrofiaram as suas grandes conquistas.

Como eles nos julgam quando as nossas autoridades sabem que menos de 25% dos vietnamitas são comunistas e, ainda assim, insistem em lhes atribuir esse rótulo? O que eles devem pensar quando sabem que estamos cientes de que controlam grande parte do Vietnã e ainda assim parecemos dispostos a permitir eleições nacionais sem a participação desse Estado paralelo altamente organizado? Eles perguntam como podemos falar de eleições livres quando a imprensa de Saigon é censurada e controlada pela junta militar. E eles, de fato, têm razão ao se perguntar que tipo de novo governo planejamos formar sem eles, o único partido realmente ligado aos camponeses. Eles questionam os nossos objetivos políticos e negam a concretização de um acordo de paz do qual estejam excluídos. Essas questões são assustadoramente relevantes. Nossa nação planeja construir um novo mito político e então apoiá-lo com o poder de uma nova violência?

Aqui está o verdadeiro significado e valor da compaixão e da não violência, quando nos ajuda a enxergar o ponto de vista do inimigo, a ouvir o seu questionamento e a conhecer o seu pensamento sobre nós mesmos. Pois, de seu ponto de vista, perceberemos a fraqueza básica da nossa própria condição, e, se formos maduros, aprenderemos, cresceremos e tiraremos proveito da sabedoria desses irmãos, tidos como nossos opositores.

O mesmo vale para Hanói. No Norte, cujo território é agora castigado por nossas bombas, cujos leitos dos rios estão ameaçados por nossas minas, nos defrontamos com profundas e compreensíveis desconfianças. Falar por eles é explicar essa falta de confiança nas palavras ocidentais e, especialmente, a sua descrença nas atuais intenções americanas. Em Hanói estão os homens que lideraram a independência da nação contra japoneses e franceses, os homens que procuraram se integrar à Comunidade Francesa e foram traídos pela fraqueza de Paris e pela teimosia dos exércitos coloniais. Foram eles que lideraram a segunda luta contra a dominação francesa com custos tremendos, e então foram persuadidos em Gênova a abrir mão, como uma medida provisória, da terra que controlavam entre os paralelos 13 e 17. Depois de 1954, eles nos viram conspirar com Diem para evitar as eleições que certamente levariam Ho Chi Minh ao poder em um Vietnã unido, e perceberam que foram novamente traídos. Quando perguntamos por que eles não anseiam por negociações, essas coisas devem ser lembradas.

Também deve ficar claro que os líderes de Hanói consideram que a presença das forças americanas para apoiar o regime de Diem foi a primeira violação do Acordo de Gênova no que diz respeito a tropas estrangeiras. Eles nos lembram que só começaram a mandar tropas em grande número e, até mesmo, suprimentos para o Sul, depois que as forças americanas chegaram às dezenas de milhares.

Hanói relembra como os nossos líderes se recusaram a nos contar a verdade sobre as propostas de paz anteriormente feitas pelo Vietnã do Norte e como o nosso presidente alegou que nada havia mesmo diante dessas propostas. Ho Chi Minh viu a América falar em paz e reunir as suas forças, e agora certamente ouviu os crescentes rumores internacionais sobre os planos americanos para uma invasão do Norte. Ele sabe que as bombas, as granadas e as minas que empregamos são parte de uma estratégia tradicional de pré-invasão. Talvez somente o seu senso de humor e ironia possam salvá-lo quando ouve a nação mais poderosa do mundo falar de agressão enquanto desova milhares de bombas na fraca e pobre nação mais de 12 mil quilômetros além de nossas praias.

Neste ponto, quero deixar claro que, enquanto tentei nestes últimos poucos minutos dar voz aos que não têm voz no Vietnã e compreender os argumentos daqueles que são tidos como "inimigos", estou, como qualquer outra pessoa, igualmente muito preocupado com o destino de nossos próprios soldados. Pois me ocorre que o que estamos fazendo com eles no Vietnã não é simplesmente um processo brutalizante que se repete em todas as guerras, em que exércitos se enfrentam e tentam se destruir. Adicionamos o cinismo ao processo de morte, pois eles devem saber, depois de lá permanecerem um breve período, que nenhum dos motivos que invocamos para essa luta está realmente em jogo. Sem demora, percebem que o seu governo os enviou a uma batalha em meio a vietnamitas, e os mais conscientes certamente percebem que, enquanto estamos do lado da riqueza e da segurança, criamos o inferno para os pobres.

De algum modo essa loucura tem de acabar. E tem de acabar agora. Falo como um filho de Deus e irmão dos pobres sofredores do Vietnã. Falo por aqueles cujas terras estão sendo devastadas, cujas casas estão sendo destruídas, cuja cultura está sendo subvertida. Falo pelos pobres da América que estão pagando dobrado, com as esperanças esmagadas em casa e com a morte e a corrupção no Vietnã. Falo como um cidadão do mundo, em nome do mundo que se horroriza com o caminho que escolhemos. Falo como um amante da América, para os líderes de nossa nação: fomos os principais responsáveis pelo início dessa guerra, cabe a nós a iniciativa de encerrá-la.

Esta é a mensagem dos grandes líderes budistas do Vietnã. Recentemente um deles escreveu as seguintes palavras, abre aspas:

> A cada novo dia de guerra, o ódio cresce nos corações dos vietnamitas e nos corações daqueles com intuito humanitário. Os americanos estão forçando até mesmo os seus amigos a se tornarem seus inimi-

> gos. É curioso que os americanos, que calcularam tão cuidadosamente as possibilidades de uma vitória militar, não tenham percebido que, neste processo, estão incorrendo numa profunda derrota psicológica e política. A imagem da América nunca mais será uma imagem de revolução, liberdade e democracia; mas uma imagem de violência e militarismo.

Fecha aspas.

Se continuarmos, não haverá dúvidas, em minha mente e na mente do mundo, de que não temos boas intenções no Vietnã. Se não pararmos imediatamente a nossa guerra contra o povo do Vietnã, o mundo não terá outra alternativa senão ver isso como um terrível, inábil e mortal jogo por nós iniciado. O mundo agora exige da América uma maturidade que talvez não possamos alcançar. Exige que admitamos que estivemos errados desde o início de nossa aventura no Vietnã, que temos sido danosos à vida do povo vietnamita. A situação é uma daquelas em que devemos estar prontos para mudar radicalmente de rumo. A fim de reparar os nossos pecados e erros no Vietnã, devemos tomar a iniciativa de pôr fim a essa trágica guerra.

Gostaria de sugerir cinco ações concretas que o nosso governo deveria implementar imediatamente a fim de iniciar o longo e difícil processo de retirada desse pesadelo.

Primeiro: parar com todos os bombardeios no Vietnã do Norte e do Sul.

Segundo: declarar um cessar-fogo unilateral na esperança de que tal atitude crie condições para uma negociação.

Terceiro: tomar medidas imediatas para prevenir a abertura de novas frentes de batalha no Sudeste Asiático, por meio da redução de nossa presença militar na Tailândia e de nossa interferência no Laos.

Quarto: aceitar como realidade o fato de que a Frente de Libertação Nacional tem um apoio substancial no Vietnã do Sul e deve, portanto, desempenhar um papel em quaisquer negociações significativas e em qualquer futuro governo vietnamita.

Quinto: estabelecer uma data para a retirada de todas as tropas estrangeiras do Vietnã, em respeito ao Acordo de Gênova de 1954.

Parte de nosso atual compromisso deve igualmente se expressar como uma garantia de asilo a todo vietnamita que tema pela sua vida sob um novo regime que inclua a Frente de Libertação. Então devemos fazer todas as reparações possíveis pelos danos que causamos. Temos de oferecer a ajuda médica de que tanto precisam, tornando-a disponível quando necessária. Enquanto isso, nas igrejas e sinagogas que exortam o nosso governo a se desligar desse infeliz compromisso, devemos continuar a elevar as nossas vozes e as nossas vidas enquanto a nossa nação persistir em suas perversas ações no Vietnã. Devemos nos preparar para transformar palavras em ações, a partir da busca de todo método possível e produtivo de protesto.

Quando aconselharmos jovens dispostos a se alistar, devemos esclarecer-lhes o papel de nossa nação no Vietnã e desafiá-los com a alternativa da oposição consciente[38]. Estou contente em dizer que esse é o caminho escolhido agora por mais de 70 estudantes em minha *alma mater*, Morehouse College, e o recomendo a todos os que acreditam que a presença americana no Vietnã é desonrosa e injusta. Além disso, encorajaria todos os pastores, em idade de alistamento, a abandonar as suas prerrogativas ministeriais e a assumir a condição de opositores conscientes. Esta é uma época para as verdadeiras escolhas e não para as falsas. Este é o momento em que as nossas vidas devem ser colocadas em jogo, se a nossa nação quiser sobreviver à própria insensatez. Todo homem de convicções humanitárias deve escolher o protesto que melhor convém às suas crenças, mas todos devemos protestar.

Mas parece bastante tentador parar por aqui e participar de algo que, em muitos círculos, tornou-se uma cruzada popular contra a Guerra do Vietnã. Afirmo que devemos entrar nessa batalha, mas desejo prosseguir e dizer algo ainda mais perturbador.

A Guerra do Vietnã nada mais é do que um sintoma de uma doença mais grave do espírito americano – e se ignorarmos essa realidade soberana, veremo-nos a organizar para a próxima geração muitos outros comitês de "religiosos e leigos preocupados". Eles se preocuparão com a Guatemala e o Peru. Eles se preocuparão com a Tailândia e o Camboja. Eles se preocuparão com Moçambique e a África do Sul. Marcharemos em nome desses e de dezenas de outros, e protestaremos sem trégua, a menos que haja uma mudança profunda e significativa na vida e na política americana. Assim esses pensamentos nos levam além do Vietnã, mas não além de nosso chamado como filhos de Deus.

Em 1957, um perspicaz funcionário americano servindo no exterior disse que a nossa nação parecia estar do lado errado da revolução mundial. Ao longo da última década, vimos emergir um padrão de repressão que agora justifica a presença de consultores militares americanos na Venezuela. A necessidade de mais estabilidade social para os nossos investimentos é responsável pela ação contrarrevolucionária das forças americanas na

Guatemala. Digam-me por que os helicópteros americanos estão sendo utilizados contra a guerrilha no Camboja e por que o *napalm* americano e os boinas-verdes já foram acionados contra rebeldes no Peru.

É com isso em mente que as palavras do falecido John F. Kennedy voltam a nos assombrar. Cinco anos atrás ele disse: "Aqueles que tornam impossível a revolução pacífica tornarão inevitável a revolução violenta." Cada vez mais, por escolha ou acaso, esse foi o papel assumido pela nossa nação, o papel daqueles que tornam impossível a revolução pacífica ao se recusarem a abrir mão dos privilégios e dos prazeres que vêm dos imensos lucros de investimentos estrangeiros. Estou convencido de que, se tivermos que passar para o lado certo da revolução mundial, nós, como nação, devemos passar por uma radical revolução de valores; devemos iniciar sem demora a transição de uma sociedade materialista para outra humanista. Quando máquinas, computadores, lucros e direitos de propriedade são considerados mais importantes do que pessoas, os gigantes do racismo, do materialismo extremo e do militarismo se tornam invencíveis. Uma verdadeira revolução de valores logo nos fará questionar a correção e a justiça de muitas de nossas políticas do passado e do presente. De um lado, somos chamados a assumir o papel de bom samaritano na estrada da vida, mas esse é só o primeiro ato. Um dia perceberemos que toda a estrada de Jericó deve ser transformada de tal modo que homens e mulheres não sejam constantemente espancados e roubados no decorrer da viagem pela estrada da vida. A verdadeira compaixão é mais do que atirar uma moeda a um mendigo. É necessário perceber que um edifício que produz mendigos deve ser reformado.

Uma verdadeira revolução de valores em breve olhará constrangida para o flagrante contraste entre a pobreza e a fartura. Com justa indignação, contemplará além dos mares e verá capitalistas individualistas investindo vultosas quantias de dinheiro na Ásia, na África e na América do Sul apenas para obter lucros, sem qualquer preocupação com a melhora das condições sociais desses continentes, e dirá: "Isso não é justo." Contemplará a nossa aliança com os latifundiários da América do Sul e dirá: "Isso não é justo." O arrogante sentimento ocidental de que tudo se tem a ensinar aos outros e nada a aprender com eles não é justo.

Uma verdadeira revolução de valores tomará as rédeas da ordem mundial e dirá sobre a guerra: "Esse modo de estabelecer diferenças não é justo." Essa prática de queimar os direitos humanos com napalm, de povoar os nossos lares de órfãos e viúvas, de injetar o veneno do ódio nas veias de seres humanos comuns, de enviar dos sombrios e sangrentos campos de batalha de volta para casa deficientes físicos e desequilibrados mentais não pode conciliar com a sabedoria, a justiça e o amor. Uma nação que ano após ano gasta mais dinheiro com a defesa militar do que com programas sociais caminha em direção à morte espiritual.

A América, a maior e mais poderosa nação do mundo, pode muito bem desbravar o caminho para essa revolução de valores. Nada há senão um trágico desejo de morte para nos impedir de reordenar as nossas prioridades de tal modo que a busca pela paz prevaleça sobre a busca pela guerra.

Esse tipo de revolução positiva de valores é a nossa melhor defesa contra o comunismo. A guerra não é a resposta. O comunismo não será derrotado com bombas atômicas ou armas nucleares. Não nos juntemos àqueles que clamam pela guerra e, por meio da sua desorientada paixão, exigem que os Estados Unidos renunciem a seu assento nas Nações Unidas. Dias como estes exigem sábia prudência e serena moderação. Não nos aliemos a um anticomunismo negativo, mas a uma crença positiva na democracia, percebendo que a nossa melhor defesa contra o comunismo é assumir uma postura ofensiva em nome da justiça. Com uma ação positiva, buscaremos acabar com as condições de pobreza, insegurança e injustiça que são o solo fértil no qual a semente do comunismo germina e floresce.

Esta é uma época revolucionária. Por todo o planeta homens se revoltam contra antigos sistemas de exploração e opressão e, longe das feridas de um mundo debilitado, novos sistemas de justiça e igualdade estão nascendo. Os miseráveis da terra se levantam como nunca antes. Aqueles que viviam na escuridão viram uma luz grandiosa. Nós, o Ocidente, devemos apoiar essas revoluções.

É triste perceber que, devido ao conformismo, à complacência, a um medo mórbido do comunismo e à nossa propensão para nos ajustarmos à injustiça, as nações ocidentais que deram origem ao espírito revolucionário do mundo moderno tornaram-se agora o bastião antirrevolucionário. Isso fez com que muitos acreditassem que o marxismo tenha um espírito revolucionário. Por isso, o comunismo é um veredicto contra a nossa incapacidade de tornar a democracia uma realidade e de seguirmos fiéis às revoluções que iniciamos. Nossa única esperança hoje se encontra em nossa habilidade de retomar o espírito revolucionário e sair para um mundo, por vezes hostil, declarando eterna hostilidade à pobreza, ao racismo, ao militarismo. Com esse vigoroso compromisso, desafiaremos corajosamente o *statu quo* e as práticas injustas, e assim anteciparemos o dia "em que todo o vale será alteado e toda a colina, abaixada; que o áspero será plano e o torto, direito".

Uma genuína revolução de valores significa, em última instância, que nossas fidelidades devem se tornar mais ecumênicas que sectárias. Toda nação deve agora desenvolver uma fidelidade suprema à humanidade como um todo, a fim de preservar o melhor de cada sociedade em particular.

Esse chamado a um companheirismo universal que eleva o respeito fraterno acima de tribos, raças, classes e nações é, na realidade, um chamado a sentir pela humanidade um amor totalmente abrangente e incondicional. Esse conceito tantas vezes incompreendido, tantas vezes mal-interpretado, tão prontamente desconsiderado pelos Nietzsches do mundo como uma força fraca e covarde, tornou-se agora uma absoluta necessidade para a sobrevivência do homem. Quando falo de amor não estou falando de alguma resposta frágil e sentimental. Não estou falando de uma força que seja apenas uma tolice sentimental. Estou falando de uma força que todas as grandes religiões tomaram como o princípio unificador supremo da vida. Amor é, de algum modo, a chave que abre a porta da realidade última. Essa crença hindu-muçulmana-cristã-judaica-budista sobre a realidade última é maravilhosamente sintetizada na primeira carta de são João: "Amemo-nos uns aos outros, pois Deus é amor. E todo aquele que ama é nascido de Deus e por Ele conhecido. Aquele que não ama não conhece Deus, pois Deus é amor... Se nos amamos uns aos outros, Deus habita em nós e Seu amor em nós é perfeito." Esperemos que esse ânimo se torne a ordem do dia.

Não mais poderemos suportar o culto do deus do ódio ou curvar-nos diante do altar da retaliação. Os oceanos da história tornaram-se turbulentos pelas sempre crescentes marés do rancor. A história está abarrotada de naufrágios de nações e indivíduos que seguiram o caminho do ódio autodestrutivo. Como Arnold Toynbee[39] disse: "O amor é a força definitiva que responde pela escolha redentora da vida e do bem contra a escolha destrutiva da morte e do mal. Por isso, em nosso rol de esperanças, a primeira deve ser a de que o amor tenha a última palavra."

Agora encaremos o fato, meus amigos, de que o amanhã é hoje. Defrontamo-nos com a feroz urgência do agora. Neste misterioso enigma da vida e da história, às vezes é tarde demais. A procrastinação é uma ladra do tempo. A vida frequentemente nos paralisa e ficamos carentes, nus e abatidos diante de uma oportunidade perdida. A maré nos negócios dos homens não permanece no fluxo – ela reflui. Podemos gritar desesperadamente para que o tempo pare à sua passagem, mas o tempo é inflexível a todo rogo e continua correndo. Sobre as ruínas e os resíduos amontoados de numerosas civilizações encontram-se as patéticas palavras: "Tarde demais."

Há um invisível livro da vida que fielmente registra a nossa vigilância ou a nossa negligência. Omar Khayyam[40] está certo: "Os dedos escrevem e, uma vez escrito, seguem adiante."

Ainda temos uma escolha hoje: a coexistência não violenta ou a aniquilação violenta. Devemos passar da indecisão à ação. Devemos encontrar novos meios de falar pela paz no Vietnã e pela justiça em todo o mundo desenvolvido, um mundo que faça fronteira com as nossas portas. Se não agirmos, seremos certamente arrastados pelos longos, escuros e vergonhosos corredores do tempo, reservados àqueles que possuem poder sem compaixão, vigor sem moralidade e força sem visão.

Comecemos agora. Dediquemo-nos novamente à longa e amarga, mas bela, luta por um mundo novo. Esse é o chamado dos filhos de Deus, e nossos irmãos esperam ansiosamente a nossa resposta. Devemos dizer que as dificuldades são grandes demais? Precisamos dizer que a luta é muito dura? Precisamos explicar que as forças da vida americana conspiram para impedir que os nossos "inimigos" se tornem homens íntegros, e que lhes enviamos o nosso profundo pesar? Ou haverá outra mensagem – de desejo, de esperança, de solidariedade com a sua compaixão, de compromisso com a sua causa, custe o que custar? A escolha é nossa e, apesar de talvez desejarmos que fosse diferente, devemos fazer a nossa escolha neste momento crucial da história do homem.

Como o nobre bardo do passado James Russell Lowell[41] expressou com eloquência:

A todo homem ou nação cabe decidir um dia
Entre o falso e o verdadeiro, se ao bem ou ao mal se alia.
Essa escolha decisiva, que traz viço ou prostração,
Segue então eternamente entre a luz e a escuridão.

Quando rompe esse momento, o nobre escolhe a verdade.
Tem-se a glória como prêmio e a ventura da equidade.
O covarde sai de cena, segue avante o valoroso
Para a fé então negada ser a virtude de todos.

E se pudermos fazer a escolha certa, seremos capazes de transformar essa pendente elegia cósmica num salmo de paz multiplicador. Se fizermos a escolha certa, seremos capazes de transformar os clamores dissonantes do nosso mundo em uma bela sinfonia de fraternidade. Se fizermos a escolha certa, seremos capazes de antecipar o dia, em toda a América e em todo o mundo, em que a justiça correrá como as águas, e será a virtude uma corrente poderosa.

*Proferido na igreja Riverside, em Nova York, em 4 de abril de 1967*

# E agora, para onde vamos?

## Apresentação
### *Senador Edward M. Kennedy*

"E agora, para onde vamos?" é uma eterna e poderosa lembrança da visão abrangente que Martin Luther King tinha da justiça racial. Muitas vezes, quando se olha para trás em direção à história do Movimento por Direitos Civis delineia-se uma falsa distinção entre a questão da justiça moral e da justiça econômica. Segundo Luther King, jamais teremos uma sem a outra. Mesmo agora, com a incrível força moral e a inspiração que Luther King nos legou, muitas vezes esquecemos, quando honramos a sua memória, que ele também foi um paladino da justiça econômica para todos os americanos.

Infelizmente, grande parte da abrangente e poderosa mensagem de Luther King corre o risco de ser abandonada à medida que novas gerações entram em contato com ele apenas por meio da história e o veem mais como um mito do que como um homem. A vida e a obra de Luther King ainda são relevantes para compreender a complexa realidade dos problemas atuais e, se permitirmos que a riqueza de seu exemplo se apague, perderemos a oportunidade de continuar aprendendo com ele.

Ainda há muito a aprender se seguirmos os caminhos por ele abertos. Mudem-se algumas palavras deste discurso – troque-se "negro" por "afro-americano" – e os leitores pensarão que leem a obra de um dos melhores e mais esclarecidos observadores de nossos dias. Este grandioso discurso toca em vários temas específicos, como a oportunidade econômica, o "reinvestimento comunitário", as casas populares e a educação, temas que são particularmente importantes na atualidade. O discurso relata esforços populares bem-sucedidos, que ainda podem nos servir de exemplo hoje em dia.

Mas, ainda mais importante, Luther King nos lembra que os efeitos de séculos de escravidão e segregação não podem ser eliminados em poucos anos. Os mais de 30 anos que se passaram da data em que este discurso foi proferido não são suficientes para concertar os erros de duzentos, particularmente quando grande parte da riqueza original do país construiu-se sobre as costas de uma minoria escravizada e subjugada.

É evidente que fizemos muitos progressos desde 1967 e todos os americanos têm com Luther King uma tremenda dívida de gratidão. Mas ainda lutamos por justiça econômica e igualdade plena e, infelizmente, muitas vezes ainda precisamos lutar para garantir as conquistas do passado. Ainda que os empreendimentos da minoria estejam longe dos contratos de governo, ano após ano novas investidas com programas de ação afirmativa são levadas à frente a fim de expandir as oportunidades desses negócios. Ao descrever a Operação Cesta de Pão, Luther King afirmou: "Simplesmente diz: 'Se você respeita o meu dinheiro, você deve respeitar a minha pessoa', simplesmente diz que não gastaremos mais nosso dinheiro onde não arranjarmos bons empregos." O mesmo vale para os impostos. Se as minorias contribuem com a devida parte para a arrecadação dos governos federal e estadual, mereceriam uma ampla e justa oportunidade de ter acesso aos contratos governamentais.

Luther King ficaria orgulhoso com a atual Lei do Reinvestimento Comunitário, que diz aos brancos que, quando aceitarem o dinheiro de grupos minoritários e da população de baixa renda, devem investir recursos nessas comunidades. Luther King falava exatamente sobre essa forma de investimento quando expôs aos executivos da Sealtest que, se eles obtinham lucros com a comunidade afro-americana de Cleveland, deveriam depositar o seu dinheiro em bancos afro-americanos da cidade e anunciar em jornais afro-americanos. Ele insistia que o comércio deveria ser uma via de mão dupla e não apenas um modo de se extrair o capital de uma comunidade minoritária. A Lei do Reinvestimento Comunitário diz aos bancos para fazer o mesmo e, tal como os esforços de Luther King na Sealtest, trouxe um significativo sucesso, tanto para os bancos quanto para as comunidades. Os bancos desenvolveram novas linhas de créditos de educação e negócios, e a circulação do capital investido em comunidades de baixa renda promove a expansão econômica. No entanto, apesar de todo o sucesso, quando tentamos modernizar as leis do sistema bancário e financeiro, alguns congressistas persistem em repelir ou reduzir a força da Lei do Reinvestimento Comunitário.

Em "E agora, para onde vamos?", Luther King reconhece as conquistas obtidas até 1967, mas se concentra no muito que ainda restava por fazer. Delineando um duro contraste, mencionou o humilhante fato de que a Constituição originalmente considerava um escravo negro como equivalente a 60% de uma pessoa. Em 1967, Luther King afirmou que os afro-americanos equivaliam a 50% de uma pessoa – a renda negra era a metade da dos brancos e metade da população negra vivia em habitações degradantes. As taxas de desemprego e de mortalidade do negro eram o dobro das dos brancos.

Da mesma forma, devemos reconhecer as conquistas que obtivemos desde 1967, mas ainda devemos nos concentrar no muito que ainda resta por fazer. Diminuímos o abismo econômico, mas estamos longe de superá-lo. A renda familiar média dos afro-americanos ainda corresponde a apenas 60% da dos brancos. O número de famílias afro-americanas que vivem abaixo da linha da pobreza ainda é quase quatro vezes maior que o de famílias brancas, e a taxa de desemprego para afro-americanos é atualmente mais do que o dobro da dos brancos. Felizmente, os gráficos da mortalidade infantil despencaram, mas as crianças afro-americanas ainda são duplamente mais atingidas que as brancas.

Portanto, como instigou Luther King em seu discurso, ainda devemos nos perguntar: e agora, para onde vamos? Sua resposta ajudou a concretizar grande parte do progresso que atingimos nas três últimas décadas, e uma resposta afim de nossa parte levará a um progresso semelhante ao longo dos próximos anos. Devemos insistir na luta por oportunidades iguais para todos os americanos, sem diferença de raça, gênero, etnia ou orientação sexual. Devemos pôr fim à discriminação no mercado de trabalho e garantir que haja emprego para todos os segmentos sociais. O salário mínimo deve ser suficiente para garantir que o trabalhador possa tirar a sua família da miséria. Com a mesma esperança, o mesmo amor e o mesmo orgulho com que Luther King falou, devemos continuar comprometidos com a luta pela justiça e pela igualdade. O sonho de Luther King é também o nosso. Suas palavras inspiradoras nos dão força para continuar a sua missão fundamental de transformar o passado sombrio num futuro radiante.

*Edward M. Kennedy* (1932-2009) foi senador democrata por Massachusetts e um eterno defensor dos direitos civis e econômicos.

*Dr. Abernathy, nosso distinto vice-presidente,* colegas delegados à décima sessão anual da Conferência da Liderança Cristã do Sul, meus irmãos e minhas irmãs, não apenas do Sul, mas de todas as partes dos Estados Unidos da América: dez anos atrás, em meio ao frio cortante de um dia de janeiro e às vésperas do boicote aos ônibus de Montgomery – que se estenderia por um ano –, um grupo de aproximadamente cem líderes negros de todas as partes do Sul reuniu-se nesta igreja e concordou com a necessidade de se formar uma organização que servisse como um canal pelo qual as organizações de protesto locais pudessem coordenar os seus atos. Foi essa reunião que deu origem à Conferência da Liderança Cristã do Sul.

E quando a nossa organização se formou há dez anos, a segregação racial ainda era um dos alicerces da arquitetura da sociedade sulista. O negro, tomado pelos rigores da fome e pela angústia da sede, não tinha acesso ao balcão das lanchonetes comuns. Os restaurantes do centro da cidade ainda estavam fora do alcance do negro. O negro, prostrado pela fadiga da viagem, ainda era barrado à entrada dos hotéis nas estradas e nas cidades. Meninos negros e meninas negras, terrivelmente necessitados de atividades recreativas, não tinham permissão para respirar o ar puro dos parques das grandes cidades. Negros cujos baldes mentais desejavam desesperadamente mergulhar no fundo do poço do conhecimento se defrontavam com um firme "não", quando buscavam frequentar as bibliotecas públicas. Dez anos atrás, as assembleias legislativas do Sul ainda ecoavam alto palavras como "intervenção" e "anulação". Todos os tipos de métodos conspiratórios ainda eram usados para evitar que o negro se registrasse como eleitor. Há uma década, nem um negro sequer entrara nas assembleias legislativas a não ser como porteiro ou chofer. Dez anos atrás, negros demais ainda eram atormentados durante o dia e assombrados à noite por um corrosivo sentimento de medo e uma incômoda sensação de insignificância (*Sim*).

Agora, no entanto, as coisas mudaram. Investida após investida, levamos as decadentes muralhas da segregação ao desmoronamento. Ao longo deste período todo o edifício da segregação foi profundamente abalado. Essa é uma conquista cujas consequências são sentidas a fundo por todo negro sulista em seu cotidiano. Não é mais possível contar o número de estabelecimentos públicos que se abriram aos negros. Há dez anos, o negro era praticamente invisível à maior parte da sociedade, e os fatos de sua vida difícil eram desconhecidos pela maioria da nação. Mas, agora, os direitos civis são um tema dominante em cada estado, enchendo as páginas da imprensa e a conversa diária dos americanos brancos. Nesta década de mudanças, o negro ergueu-se e enfrentou o seu opressor. Enfrentou as balas e as armas, os cães e as bombas de gás lacrimogêneo. De peito aberto, postou-se diante de multidões cruéis; com força e dignidade, marchou em sua direção; e, com firmeza, as derrotou (*Sim*). E a coragem com que enfrentou as multidões enraivecidas dissolveu o estereótipo do sorridente e submisso Pai Tomás (*Sim*). O negro saiu dessa batalha apenas levemente integrado à sociedade, mas profundamente integrado a si mesmo. Essa era uma vitória que tinha de preceder todas as outras conquistas.

Em resumo, nos últimos dez anos, o negro decidiu erguer a cabeça, percebendo que ninguém montará em suas costas a não ser que se curve. Fizemos com que o nosso governo redigisse novas leis que alterassem algumas das injustiças mais cruéis que nos afetavam. Fizemos com que uma nação indiferente e desdenhosa abandonasse a letargia e intimamos a sua consciência a aparecer diante do tribunal da moralidade em tudo o que diz respeito aos direitos civis. Nos tornamos humanos nesta nação que sempre nos chamou de "moleques". Seria realmente hipócrita se a modéstia me impedisse de dizer que a SCLC esteve na vanguarda de todas as ações fundamentais que trouxeram essas monumentais mudanças para o Sul. Por isso, o nosso orgulho é legítimo. Mas, apesar de uma década de significativo progresso, estamos longe de solucionarmos esse problema. O profundo murmúrio de descontentamento em nossas cidades revela que a planta da liberdade germinou, mas ainda não floresceu.

E, antes de discutir as impressionantes responsabilidades que temos de enfrentar nos dias que virão, façamos um levantamento de nossas ações e atividades programáticas no último ano. Quando nos encontramos em Jackson, Mississippi, no ano passado, estávamos totalmente conscientes da luta de nossos irmãos em Grenada. Depois de viverem por cem anos ou mais sob o jugo da segregação total, os cidadãos negros daquela pequena cidade do delta do Mississippi uniram-se, sob a liderança de nossa igreja e da SCLC local, para a luta não violenta contra a discriminação racial. A eclosão dessa rebelião não destrutiva foi tão espetacular quanto os seus resultados. Em poucas semanas, o Movimento da Cidade de Grenada questionou todos os aspectos abusivos de sua vida social. Lojas que se negavam a contratar negros foram boicotadas e o registro de eleitores aumentou aos milhares. Jamais poderemos esquecer que a corajosa luta do povo de Grenada levou a nossa nação e as cortes federais a uma ação efetiva a favor da integração educacional, dando a Grenada um dos sistemas educacionais mais integrados da América. A batalha está longe de ser vencida, mas a população negra de Grenada venceu 40 de 53 demandas com os seus persistentes esforços não violentos.

Devagar, mas com segurança, nossos afiliados sulistas continuam a se organizar e lutar. Setenta e nove cidades realizaram iniciativas para o registro de eleitores, enquanto que o dobro desse número desenvolveu projetos de educação política e esforços de incentivo ao voto. Apesar das opiniões da imprensa, nossa equipe é predominantemente sulista. Cento e cinco pessoas trabalharam no Sul sob a direção de Hosea Williams. O que costumava ser, antes de mais nada, uma equipe para o registro de eleitores tornou-se na prática um programa multifacetado que abrange toda a vida em comunidade: cooperativas agrícolas, desenvolvimento de negócios, palestras, instituições de créditos etc. Um registro especial merecem aquelas 99 comunidades e suas equipes que mantêm assembleias regulares ao longo do ano.

Nosso Programa Educacional para a Cidadania (CEP) continua a construir as sólidas fundações da educação de adultos e da organização da comunidade sobre as quais as mudanças sociais devem, no fim das contas, se assentar. Neste ano, quinhentos líderes locais receberam treinamento em Dorchester e dez centros comunitários se formaram por meio do CEP. Entre outras coisas, eles foram alfabetizados e receberam informações sobre direitos do consumidor e planejamento familiar. Esse programa, tão habilmente conduzido por Dorothy Cotton, Septima Clark e sua equipe de oito pessoas, continua a cobrir dez estados sulistas. Uma vantagem a mais do CEP é o auxílio dado para que comunidades carentes recebam e desenvolvam projetos da Agência de Oportunidade Econômica (OEO). Com a competente liderança profissional de Mew Soong-Li, essa maravilhosa integrante de nossa equipe, os municípios de Lowndes e Wilcox, no Alabama, desenvolveram com pioneirismo excelentes programas de combate à pobreza, totalmente controlados e administrados por moradores da região.

Talvez meus esforços mais intensos tenham se concentrado nas cidades de Chicago e Cleveland. Chicago vem sendo um maravilhoso laboratório para o nosso trabalho no Norte. Não houve vitórias avassaladoras, mas também não houve fracasso. Nossas primeiras marchas por fim resultaram num acordo que de fato convoca a estrutura de poder de Chicago a capitular diante do Movimento por Direitos Civis. Essas marchas e o acordo finalmente começaram a dar resultado. Após um período de espera durante as eleições, a SCLC, organizada para enfrentar as demandas por uma cidade livre, começou, enfim, a implementar os programas discutidos no último verão.

Mas esse não é o principal aspecto de nosso trabalho. Como resultado da organização da nossa associação, começamos um projeto de reabilitação, no valor de 4 milhões de dólares, que reformará prédios deteriorados e permitirá aos inquilinos a oportunidade de serem proprietários de suas próprias casas. Esse projeto piloto inspirou uma nova lei da casa própria, que o senador Percy apenas recentemente apresentou ao Congresso Nacional.

O mais comovente sucesso em Chicago ocorreu com a Operação Cesta de Pão. Por meio da Operação Cesta de Pão nós conseguimos criar mais de 2 mil novos empregos e uma nova renda de aproximadamente 18 milhões de dólares ao ano para a comunidade negra de Chicago. Mas não só os trabalhadores de Chicago foram beneficiados pela Operação Cesta de Pão; atingimos também, com esse programa econômico, outra área, com o desenvolvimento de instituições financeiras controladas por negros e que são sensíveis aos problemas da exclusão econômica da comunidade negra. Em grande medida, os dois bancos da cidade que se interessaram em ajudar o empresariado negro se viram impossibilitados de oferecer empréstimos maiores devido à falta de recursos. A Hi-Lo, uma das cadeias de lojas de Chicago, concordou em manter contas substanciais nesses bancos, aumentando assim a sua capacidade de atender às necessidades da comunidade negra. E hoje posso lhes dizer que os bancos controlados por negros duplicaram as suas reservas, como resultado de menos de um ano de trabalho da Operação Cesta de Pão.

Além disso, os pastores tomaram conhecimento de que companhias de limpeza controladas por negros foram privadas de importantes contratos nos guetos. Os brancos controlam até mesmo o lixo dos negros. Consequentemente, as cadeias de lojas concordaram em contratar as nossas companhias de limpeza para servir ao menos às lojas dos bairros negros. Empresas negras de dedetização, bem como os serviços de segurança, eram igualmente excluídas dos principais contratos com as cadeias de lojas, as quais também concordaram em utilizar os nossos serviços. Também se tornou evidente que as lojas raramente anunciavam em jornais da comunidade negra. Esse menosprezo também foi negociado, e foram oferecidas aos jornais de nossa comunidade contas regulares e substanciais. E, finalmente, os pastores tomaram conhecimento de que os empreiteiros negros, de pintores a pedreiros, de eletricistas a escavadores, não puderam crescer devido ao monopólio dos empreiteiros brancos. A Operação Cesta de

Pão negociou contratos de construção e reforma de inúmeras lojas. Esses vários aspectos do desenvolvimento econômico, todos com base no poder de organização do consumidor, estão inter-relacionados e abrem grandes possibilidades para a resolução de problemas dos negros em outras cidades do Norte. As reivindicações feitas pela Operação Cesta de Pão em Chicago podem ser feitas não só a cadeias de lojas, mas praticamente a qualquer grande empreendimento de qualquer cidade do país.

E assim a Operação Cesta de Pão tem um programa extremamente simples, mas poderoso. Simplesmente diz: "Se você respeita o meu dinheiro, você deve respeitar a minha pessoa." Simplesmente diz que não gastaremos mais o nosso dinheiro onde não arranjamos bons empregos.

Em Cleveland, Ohio, um grupo de clérigos formou, com o apoio da SCLC local, uma Operação Cesta de Pão que confrontou a maior indústria de lacticínios da cidade. As suas reivindicações incluem trabalho, publicidade em jornais da comunidade negra e capitalização das instituições financeiras dos negros. Esse esforço resultou em algo maravilhoso. Fui a Cleveland na semana passada para assinar um acordo com a Sealtest. Fomos conhecer os dados sobre os seus empregados: descobrimos que eles têm 442 funcionários, dos quais apenas 43 são negros; embora a população negra de Cleveland corresponda a 35% do total. Eles se recusaram a nos dar todas as informações solicitadas, e dissemos com firmeza: "Sr. Sealtest, desculpe-nos. Não incendiaremos a sua loja. Não arremessaremos pedras contra as suas vidraças. Mas colocaremos cartazes ao redor das lojas, distribuiremos panfletos, subiremos nos púlpitos e diremos aos lojistas para não venderem produtos Sealtest nem comprarem produtos Sealtest."

E assim fizemos. Fomos às igrejas. O reverendo Hoover, aqui presente, pastor da maior igreja de Cleveland, e todos os ministros se reuniram e deram apoio ao programa. Fomos a cada loja no gueto e dissemos: "Vocês devem tirar os produtos Sealtest de suas prateleiras. Caso contrário, boicotaremos a sua loja." A&P não concordou. Colocamos piquetes em frente a A&P; eles têm mais de cem lojas em Cleveland. Fizemos piquetes e fechamos 18 lojas num único dia. Ninguém entrou na A&P. No dia seguinte, o sr. A&P nos chamou, e apareceu Bob Brown, que hoje está aqui presente e é relações-públicas de inúmeras empresas. Eles o chamaram porque ele trabalhava para A&P, que não sabia que ele também trabalhava para nós. Bob Brown sentou-se com a A&P e eles disseram: "Agora, sr. Brown, o que o senhor sugere que façamos?" Ele disse: "Sugiro que os senhores retirem todos os produtos Sealtest de suas prateleiras." A A&P concordou não só em retirar no dia seguinte os produtos Sealtest das prateleiras no gueto, mas também das prateleiras de todas as lojas A&P em Cleveland. E eles disseram a Sealtest: "Se vocês não fizerem um acordo com a SCLC e a Operação Cesta de Pão, retiraremos os produtos Sealtest de todas as lojas A&P no estado de Ohio."

No dia seguinte, no dia seguinte o pessoal da Sealtest estava falando mansinho, eles foram muito humildes. E me orgulho em dizer que fui a Cleveland na última terça-feira, sentei com o pessoal da Sealtest e cerca de setenta pastores de Cleveland, e assinamos um acordo. Esse esforço resultou em inúmeros empregos, que trarão uma nova renda de quase 500 mil dólares anuais para a comunidade negra. Também dissemos a Sealtest: "O problema que enfrentamos é que o gueto é uma colônia doméstica que é constantemente drenada sem que seja reabatecida. E vocês sempre nos dizem para andarmos com os nossos próprios pés, e no entanto somos roubados todos os dias. Coloquem algo de volta no gueto." Assim, junto com o nosso pedido de empregos, dissemos: "Nós também exigimos que vocês invistam em instituições financeiras de negros e que coloquem anúncios, propagandas, no *Call & Post*, o jornal negro de Cleveland." Assim, além dos novos empregos, a Sealtest depositou milhares de dólares no banco negro de Cleveland e já começou a anunciar no jornal negro da cidade. Esse é o poder da Operação Cesta de Pão.

Agora, como acredito que vocês temam que isso fique restrito a Chicago e Cleveland, permitam-me que lhes diga que conseguimos muito mais. Em Atlanta, Geórgia, a Operação Cesta de Pão foi igualmente um sucesso. Aqui no Sul a prioridade se dividiu entre o funcionalismo público e a indústria privada. E, como não tenho tempo para apresentar-lhes os detalhes, quero louvar os homens que desenvolvem esse trabalho: o reverendo Bennette, o reverendo Joe Boone, o reverendo J.C. Ward, o reverendo Dorsey, o reverendo Greer – e poderia prosseguir com muitos outros ministros. Mas eis a história que não foi publicada pelos jornais de Atlanta: como resultado da Operação Cesta de Pão, nos últimos três anos, a comunidade negra da cidade conseguiu uma renda a mais de cerca de 25 milhões de dólares ao ano. Como vocês sabem, a Operação Cesta de Pão agora é nacional, uma vez que tivemos uma conferência em Chicago e concordamos em lançar um programa para todo o país, do qual vocês ouvirão falar.

Finalmente, a SCLC entrou no ramo da construção. Sob a liderança do advogado James Robinson, já contratamos a construção de 152 unidades de casas populares, com a opção de um cômodo para idosos, no centro de Atlanta, sob o patrocínio da igreja batista de Ebenezer. Esse é o primeiro projeto, esse é o primeiro projeto de uma nova Associação para o

Desenvolvimento Imobiliário em todo o Sul, que esperamos desenvolver em parceria com a SCLC. Por meio dessa associação, esperamos construir casas do Mississippi à Carolina do Norte, empregando mão de obra negra, arquitetos negros, advogados negros e exclusivamente instituições financeiras negras. Acreditamos que nos próximos dois ou três anos poderemos construir bem aqui no Sul novas moradias para negros no valor de 40 milhões de dólares, e com milhões e milhões de dólares de rendimentos revertidos para a comunidade negra. Há ainda muitas outras coisas sobre as quais poderia lhes falar, mas o tempo é curto. Isso, em resumo, é o relato do trabalho da SCLC ao longo do último ano. É um registro do qual todos podemos nos orgulhar.

Com toda a luta e todas as conquistas, devemos, no entanto, encarar o fato de que o negro ainda vive nos subterrâneos da grande sociedade. Ele ainda está por baixo, apesar de alguns terem ascendido a níveis levemente superiores. Poucos negros têm acesso à oportunidade de ascensão social, mesmo nos locais em que a porta foi forçada a entreabrir-se. Em geral estão no fundo do poço e, quando conseguem se erguer, não encontram lugar no topo. Consequentemente, o negro ainda é um estranho empobrecido numa sociedade emergente. Ele é pobre demais até mesmo para acompanhar o crescimento dessa sociedade, empobrecido demais pelo tempo para ascender por meio de seus próprios esforços. Mas o negro não se pôs nessa situação; ela lhe foi imposta. No decorrer de mais da metade da história americana, ele foi escravizado. No entanto, construiu as largas pontes e as grandiosas mansões, os robustos estaleiros e as sólidas fábricas do Sul. Seu trabalho assalariado tornou o algodão um "rei" e estabeleceu a América como uma importante nação no comércio internacional. Mesmo após a libertação dos grilhões da escravidão, a nação avançou sobre o negro e o sufocou. A nação se tornou a mais rica e poderosa sociedade da história do homem, mas deixou o negro para trás.

Portanto, ainda temos um longo, longo caminho a percorrer antes de alcançarmos a Terra Prometida da liberdade. Sim, deixamos os solos poeirentos do Egito e cruzamos o mar Vermelho, que no decorrer dos anos se tornara ainda mais difícil devido ao longo e penetrante inverno da resistência maciça, mas, antes de alcançarmos as majestosas praias da Terra Prometida, ainda haverá adiante as gigantescas montanhas da oposição e as prodigiosas colinas da injustiça. Ainda precisamos da consciência de um Paul Revere para alertar cada aldeia e cada vilarejo americano que a revolução está em nossas mãos. Sim, precisamos de um mapa; precisamos de um compasso; de fato, precisamos que alguma Estrela do Norte nos guie em direção a um futuro encoberto por impenetráveis incertezas.

Mas para responder à pergunta "E agora, para onde vamos?", nosso tema de hoje, temos, em primeiro lugar, de reconhecer sinceramente onde nos encontramos agora. Quando a Constituição foi escrita, uma estranha fórmula para calcular os impostos e a representatividade política determinou que o negro valia 60% de uma pessoa. Hoje outra fórmula curiosa declara que ele vale 50% de uma pessoa. As boas coisas da vida, o negro as recebe pela metade, quando comparado ao branco. As ruins, recebe em dobro. Assim, metade de toda a população negra vive em habitações degradantes. O salário do negro equivale à metade do rendimento do branco. Quando nos voltamos para as experiências negativas da vida, o negro tem a sua parte em dobro: eles são o dobro em número de desempregados; a taxa de mortalidade infantil entre negros é o dobro da dos brancos; e, em relação ao total da população, o número de negros que morrem no Vietnã é o dobro do de brancos.

Em outras esferas, os números são igualmente alarmantes. Nas escolas elementares, o negro está duas ou três séries atrás do branco; e suas escolas segregacionistas recebem substancialmente menos dinheiro por aluno que as escolas brancas. Apenas um em cada vinte negros ingressa na faculdade. Entre os negros empregados, 75% fazem trabalhos subalternos. É esse o ponto em que nos encontramos.

E agora, para onde vamos? Primeiro, devemos afirmar com veemência a nossa dignidade e o nosso valor. Devemos nos levantar em meio a um sistema que ainda nos oprime e desenvolver um inabalável e majestoso senso de valores. Não mais nos envergonharemos de sermos negros. O trabalho de despertar a humanidade no interior de pessoas que ao longo dos séculos foram completamente anuladas não é fácil.

Até a semântica tem conspirado para tornar o negro algo feio e degradante. No dicionário *Thesaurus* de Roget há cerca de 120 sinônimos para negro e pelo menos 60 deles são ofensivos – palavras como encardido, funesto, sinistro, maldito e sujo. E há cerca de 134 sinônimos para branco e todos são favoráveis – palavras como puro, limpo, casto e inocente. "Mercado negro" é ilegal e clandestino. "Ovelha negra" é o pior membro de uma família. Ossie Davis sugeriu que talvez a língua inglesa devesse ser reconstruída a fim de os professores não serem obrigados a ensinar à criança negra 60 maneiras de se depreciar – e, assim, perpetuar o seu falso sentimento de inferioridade – e, à criança branca, 134 maneiras de idolatrar-se – e assim perpetuar o seu falso sentimento de superioridade. A tendência a ignorar a contribuição do negro à vida americana e despi-lo de sua personalidade é tão antiga quanto os primeiros livros de história e tão atual quanto o jornal da manhã.

Para compensar esse homicídio cultural, o negro deve se levantar com uma afirmação da sua própria humanidade olímpica. Qualquer movimento pela libertação dos negros que ignore essa necessidade está fadado ao fracasso. Enquanto a mente estiver escravizada, o corpo não poderá ser livre. Nenhuma Proclamação da Emancipação à moda de Lincoln, nenhuma Lei dos Direitos Civis à moda de Johnson nos trará essa liberdade em sua plenitude. O negro só será livre quando atingir as profundezas de seu ser e assinar, com a pena e a tinta de sua humanidade, a sua própria proclamação de emancipação. E com um espírito voltado para a verdadeira autoestima, o negro pode corajosamente desvencilhar-se dos grilhões da autonegação e dizer a si mesmo e ao mundo: "Eu sou alguém. Eu sou uma pessoa. Eu sou um homem digno e honrado. Tenho uma história rica e nobre, mesmo que essa história tenha sido de dor e exploração. Sim, meus antepassados foram escravos, e não me envergonho disso. Tenho vergonha daqueles pecadores que os escravizaram." Sim, sim, devemos nos levantar e dizer: "Eu sou negro, mas eu sou negro e belo". Essa autoafirmação, essa autoafirmação é uma necessidade do negro, tornada obrigatória pelos crimes cometidos contra ele pelo branco.

Agora, outro desafio básico é descobrir como transformar a nossa força em poder econômico e político. Agora, ninguém pode negar que o negro está terrivelmente necessitado desse legítimo poder. De fato, um dos principais problemas que o negro enfrenta é a falta de poder. Das antigas plantações do Sul aos novos guetos do Norte, o negro foi condenado a viver sem voz e sem poder. Despido do direito de tomar decisões que concernem à sua vida e ao seu destino, ficou sujeito a decisões autoritárias e, às vezes, caprichosas da estrutura do poder branco. A plantação e o gueto foram criados por aqueles que tinham poder; o propósito de ambos era confinar aqueles que não tinham poder e perpetuar a sua falta de poder. Agora o problema da transformação do gueto é, portanto, relacionado ao poder: uma queda de braço entre as forças revolucionárias e as forças defensoras do *statu quo*. Mas o poder propriamente dito nada mais é do que a habilidade de conquistar os nossos objetivos. É a força necessária para gerar mudanças sociais, políticas e econômicas. Walter Reuther[42] certa vez o definiu: "Poder é a habilidade de um sindicato como a UAW[43] de levar a mais poderosa corporação do mundo, a General Motors, a dizer 'sim', quando ela quer dizer 'não'. Isso é poder".

Muitos de nós somos pastores, muitos de nós temos nossas convicções morais e preocupações, e muito frequentemente não lidamos bem com o poder. Mas nada há de errado com o poder, se o usarmos de modo justo. Vejam bem, o que aconteceu foi que alguns de nossos filósofos foram jogados para escanteio. E um dos grandes problemas da história é que os conceitos de amor e poder muitas vezes foram apresentados como opostos, polos opostos, de tal modo que o amor é identificado com a resignação do poder, e o poder, como a negação do amor. Foi essa incompreensão que levou o filósofo Nietzsche, que era um filósofo do poder, a rejeitar o conceito cristão de amor. Foi a mesma incompreensão que induziu os teólogos cristãos a rejeitar a filosofia do poder de Nietzsche em nome do ideal cristão de amor.

Agora, temos que acertar isso. Precisamos compreender que o poder sem amor é inconsequente e abusivo e que o amor sem poder é sentimental e anêmico. O poder em sua melhor forma, o poder em sua melhor forma é amor, implementando as exigências da justiça; e a justiça em sua melhor forma é amor, corrigindo tudo o que se rebela contra o amor. Teremos que compreender isso para seguirmos adiante.

Mas o que aconteceu é que, em nosso país, isso foi malcompreendido e interpretado. No passado, isso levou o negro americano a buscar os seus objetivos por meio do amor e da persuasão moral, desprovido de poder; e o branco americano a buscar os seus objetivos por meio do poder, desprovido do amor e da consciência. Isso leva alguns extremistas de hoje a defender para os negros aquilo que justamente abominam nos brancos: um poder igualmente destrutivo e inconsequente. É justamente essa coalizão de um poder sem moral com uma moral sem poder que constitui a maior crise de nosso tempo.

Agora temos que gerar progressos, ou melhor: programas – e não posso me alongar – que levem a nação [negra] a um rendimento anual garantido. No início do século, uma proposta como essa seria saudada com escárnio e vista como destrutiva e irresponsável. Naquele tempo, o poder econômico era considerado a medida das habilidades e dos talentos individuais. No pensamento daqueles dias, a ausência de bens materiais revelava uma carência de espírito empreendedor e fibra moral. Percorremos um longo caminho em nossa compreensão da motivação humana e da cega operação do nosso sistema econômico. Agora percebemos que flutuações da economia e a prevalência da discriminação arrastaram pessoas para a inatividade e as aprisionam, contra a sua vontade, a uma situação permanente de desemprego. Hoje não é mais possível, espero eu, que a nossa consciência considere os pobres inferiores ou incompetentes, para justificar a pobreza deles que, sabemos, não será eliminada, não importa qual seja a dinâmica de evolução e expansão da economia.

O problema indica que a nossa prioridade deve ser em duas frentes: temos de criar empregos para todos ou temos de criar fontes de renda. As pessoas têm de se tornar consumidoras de uma forma ou de outra. Uma vez alcançada essa condição, precisaremos nos preocupar para não desperdiçar o potencial individual. Novas formas de trabalho que elevem o bem-estar social deverão ser delineadas para quem não tiver um emprego convencional à disposição. Em 1879, Henry George[44] antecipou essa situação quando escreveu em *Progresso e pobreza*:

> O fato é que o trabalho que desenvolve a condição humana, o trabalho que expande o conhecimento, aumenta o poder, enriquece a literatura e eleva o pensamento, não é feito para assegurar a vida. Não é o trabalho do escravo, preso às suas tarefas pela força do capataz ou pela necessidade animal. É o trabalho do homem que, de algum modo, encontra uma forma de trabalho que traga segurança para si mesmo e constitua uma sociedade na qual a privação seja abolida.

Esse tipo de trabalho deveria ser ampliado, e provavelmente estamos prestes a descobrir que a eliminação da pobreza influenciará o problema da moradia e da educação, e não o contrário. O pobre, transformado em consumidor, contribuirá bastante para alterar a decadência da moradia. O negro, duplamente incapacitado, terá um grande efeito na discriminação quando puder contar, nesta luta, com a arma complementar do dinheiro.

Além de todas as vantagens, um grande número de mudanças psicológicas positivas inevitavelmente resultará de uma segurança econômica mais ampla. A dignidade do indivíduo florescerá quando as decisões que dizem respeito à sua vida estiverem em suas próprias mãos, quando tiver a segurança da estabilidade e a certeza de sua renda, e quando souber que tem os meios para buscar melhorias para si. Conflitos pessoais entre marido, mulher e filhos diminuirão quando a injusta medição do valor do homem pela escala do dólar for eliminada.

Nosso país pode fazer isso. John Kenneth Galbraith[45] disse que uma renda anual estável poderia ser assegurada a todos com 20 bilhões de dólares por ano. E hoje lhes digo que, se a nossa nação pode gastar 35 bilhões de dólares por ano para lutar uma guerra injusta e maldita no Vietnã e 20 bilhões de dólares para levar o homem à Lua, pode gastar bilhões de dólares para que os filhos de Deus andem com seus próprios pés aqui mesmo na Terra.

Agora, devo me apressar a dizer que precisamos reafirmar o nosso compromisso com a não violência. E quero enfatizar isso: a futilidade da violência na luta pela justiça social foi demonstrada tragicamente em todos os distúrbios recentes. Ontem, tentei analisá-los e lidar com as suas causas. Hoje, quero discutir o outro lado da questão. Há algo dolorosamente triste nesses distúrbios. Alguns veem jovens aos berros e adultos furiosos, lutando sem esperança e sem ajuda contra terríveis obstáculos. E, lá no fundo, eles percebem um desejo de autodestruição, um certo anseio suicida.

Por vezes os negros acreditam que os distúrbios de 1965, no distrito de Watts, em Los Angeles, e outros em várias cidades representaram uma ação efetiva em prol dos direitos civis. Mas aqueles que expressam esse ponto de vista sempre terminam com palavras vacilantes quando lhes perguntam que conquistas concretas foram obtidas. Na melhor das hipóteses, os distúrbios produziram um pouco mais de dinheiro para ações antipobreza, distribuído por governantes amedrontados e alguns jatos d'água para acalmar as crianças nos guetos. Isso é como melhorar a comida na prisão, enquanto as pessoas permanecem encarceradas. Em nenhum lugar os distúrbios conquistaram progressos tão concretos como aqueles obtidos por protestos disciplinados.

E quando alguém tenta demonstrar aos devotos da violência que tipo de ação seria mais efetiva, as respostas são ruidosamente incoerentes. Eles falam às vezes em destituir o estado racista e os governos locais; às vezes, em conflitos armados. Não percebem que nenhuma guerra civil jamais foi bem-sucedida na tentativa de depor violentamente um governo, a menos que o governo já tivesse perdido a fidelidade e o controle efetivo das forças armadas. Qualquer um em sã consciência sabe que isso não acontecerá nos Estados Unidos. Numa situação de violência racial, a estrutura de poder conta com a polícia local, a polícia estadual, a Guarda Nacional e, por fim, o Exército, todos predominantemente brancos. Além disso, poucas revoluções – se houver alguma – foram bem-sucedidas, a menos que a minoria violenta tivesse a simpatia e o apoio da maioria não resistente. Castro talvez tivesse apenas alguns poucos cubanos lutando efetivamente a seu lado nas montanhas, mas ele jamais derrubaria o regime de Batista se não tivesse a simpatia de uma vasta maioria do povo cubano. É evidente que a revolução violenta da parte dos negros americanos não encontraria simpatia e apoio da população branca e muito pouco da grande maioria dos negros.

Esta não é a hora para idealizações românticas e debates filosóficos vazios sobre a liberdade. Esta é a hora para a ação. O que precisamos é de uma estratégia de mudança, um programa de ações que trará o negro para o centro da vida americana o mais rápido possível. Até agora, isso só foi oferecido pelos movimentos de não violência. Sem esse reconhecimento, terminaremos com soluções que não resolvem, respostas que não respondem e explicações que não explicam.

Portanto, lhes digo hoje que ainda me apoio na não violência. E ainda estou convencido, e ainda estou convencido de que esta é a arma mais potente à disposição do negro nesta sua luta por justiça neste país.

E digo mais: estou preocupado em melhorar o mundo. Estou preocupado com a justiça; estou preocupado com a fraternidade; estou preocupado com a verdade. E quando alguém se preocupa com isso, não se pode defender a violência; pois, com violência, mata-se o assassino, mas não o assassinato. Com violência, mata-se um mentiroso, mas não se estabelece a verdade. Com violência, mata-se quem nos odeia; mas não se mata o ódio, com a violência. A escuridão não elimina a escuridão; apenas a luz a eliminará.

E lhes digo: também decidi me apegar ao amor, pois sei que o amor é ultimamente a única resposta para os problemas da humanidade. E falarei sobre isso em todos os lugares por onde passar. Sei que não é aceitável falar sobre isso em alguns círculos hoje em dia. E não estou falando de uma tolice sentimental quando falo em amor. Pois vi ódio demais. Vi ódio demais nas faces dos xerifes do Sul. Vi muito ódio nas faces dos membros da Klan e do Conselho dos Cidadãos Brancos do Sul para que eu deseje para mim esse ódio; pois toda vez que vejo o ódio, contemplo faces e personalidades deformadas, e digo a mim mesmo que esse é um fardo pesado demais. Escolhi o amor. Se vocês buscam o bem mais elevado, acredito que o encontrarão no amor. E, creiam, não estamos errados quando assim agimos, pois João estava certo: Deus é amor. Aquele que odeia não conhece Deus, mas aquele que ama tem a chave que abre a porta do significado da realidade última.

E assim lhes digo hoje, meus amigos, que vocês podem falar com a língua dos homens e dos anjos; podem ter a eloquência do discurso articulado; mas, se não tiverem amor, nada serão. Sim, vocês podem ter o dom da profecia; podem ter o dom do vaticínio científico e podem compreender o funcionamento das moléculas; vocês podem entrar nos armazéns da natureza e de lá trazer muitas revelações; sim, vocês podem ascender às alturas da conquista acadêmica, a ponto de terem todo o conhecimento; vocês podem se vangloriar de suas grandes instituições educacionais e da infinita amplitude de seus diplomas; mas, se não tiverem amor, nada disso terá qualquer importância. Vocês podem, até mesmo, doar os seus bens para alimentar os pobres; vocês podem fazer grandes donativos por caridade; e podem ser paladinos da filantropia; mas, se não tiverem amor, a sua caridade nada significará. Vocês podem, até mesmo, morrer por uma causa e ter a morte de um mártir; seu sangue derramado pode ser o símbolo de honra para gerações futuras, e milhares podem louvá-los como grandes heróis da história; mas, se não tiverem amor, seu sangue será em vão. O que estou querendo lhes dizer nesta manhã é que um homem pode ser egoísta em sua autonegação e justo em seu autossacrifício. Sua generosidade pode alimentar o seu ego, e a sua piedade pode alimentar o seu orgulho. Sem amor, portanto, a benevolência se torna egoísmo; e o martírio se torna soberba espiritual.

Quero lhes dizer, à medida que me aproximo do fim, à medida que falamos sobre "e agora, para onde vamos?", que precisamos encarar francamente o fato de que o movimento deve se voltar para a questão da reestruturação de toda a sociedade americana. Há 40 milhões de pobres aqui, e um dia nos perguntaremos: "Por que há 40 milhões de pobres na América?" E quando fizerem essa pergunta, vocês se questionarão sobre o sistema econômico e sobre uma melhor distribuição da riqueza. Quando fizerem essa pergunta, vocês começarão a questionar a economia capitalista. E estou simplesmente dizendo que precisamos fazer, mais e mais, essas perguntas a toda a sociedade. Somos chamados a ajudar os mendigos em baixa no mercado da vida. Mas um dia nós perceberemos que um edifício que produz mendigos precisa ser reformado. As perguntas precisam ser feitas. E vejam, meus amigos, quando lidarem com isso vocês começarão a fazer a pergunta: "De quem é o petróleo?" Vocês se perguntarão: "De quem é o aço?" Vocês se perguntarão: "Por que pagamos contas de água em um mundo coberto por oceanos?" Essas são as palavras que precisam ser ditas.

Agora, não pensem que defendo o comunismo. Não estou falando disso. Estou falando de algo que vai além do comunismo (*Sim*). Minha inspiração não vem de Karl Marx; minha inspiração não vem de Engels; minha inspiração não vem de Trotsky; minha inspiração não vem de Lenin. Sim, eu li o *Manifesto comunista* e *O capital* há muitos anos, e penso que Marx talvez não tenha sido suficientemente fiel a Hegel. Ele tomou a dialética de Hegel, mas deixou de lado seu idealismo e espiritualismo. E seguiu para a leitura de um filósofo alemão chamado Feuerbach, pegou dele o materialismo e criou um sistema a que denominou "materialismo dialético". Não aceito isso.

O que estou lhes dizendo esta manhã é que o comunismo esquece que a vida é individual. O capitalismo esquece que a vida é social. E o reino da fraternidade não se encontra nas teses do comunismo nem nas antíteses do capitalismo, mas em uma síntese superior. Encontra-se numa síntese superior, que combina as verdades de ambos. Agora, quando digo que devemos questionar toda a sociedade, quero dizer que, em última instância, devemos perceber que o problema do racismo, que o problema da exploração econômica e o problema da guerra estão relacionados. Esses três pilares diabólicos estão inter-relacionados.

E se vocês me permitirem falar um pouco mais. Um dia, uma noite, um mestre das leis procurou Jesus e perguntou o que precisava fazer para ser salvo. Jesus não se prendeu à abordagem do que não se deve fazer. Jesus não disse: "Agora, Nicodemos, pare de mentir." Ele não disse: "Nicodemos, não cometa o adultério." Ele não disse: "Agora, Nicodemos, não trapaceie mais, se é isso o que faz." Ele não disse: "Nicodemos, pare de beber se bebes em demasia." Ele disse algo completamente diferente, porque Jesus percebeu algo fundamental: se um homem for capaz de mentir, ele roubará. Então, em vez de simplesmente se deter em uma só coisa, Jesus olhou para ele e disse: "Nicodemos, nasça outra vez."

Em outras palavras, "Toda a estrutura deve ser modificada". Uma nação que mantém um povo escravo por 244 anos irá "coisificá-lo" e usá-lo. E, assim, explorará os escravos e os pobres economicamente. E uma nação que explora economicamente precisará de investimentos externos e tudo o mais, e precisará usar a sua força militar para se proteger. Todos esses problemas estão relacionados.

O que estou dizendo hoje é que devemos fugir a essa convenção e dizer: "América, nasça outra vez!"

E, assim, concluo dizendo que hoje temos uma tarefa e devemos seguir em frente com uma insatisfação divina.

Não fiquemos satisfeitos até que a América não mais tenha uma alta pressão sanguínea de crenças e uma anemia de ações.

Não fiquemos satisfeitos (*Sim*) até que os muros que separam a cidade exterior de riqueza e conforto da cidade interior de pobreza e desespero desmoronem sob os aríetes das forças da justiça.

Não fiquemos satisfeitos (*Sim*) até que aqueles que vivem nos arredores da esperança sejam trazidos para a metrópole da segurança diária.

Não fiquemos satisfeitos (*Sim*) até que os cortiços sejam lançados na lata de lixo da história, e cada família viva com decência, numa casa saneada.

Não fiquemos satisfeitos (*Sim*) até que o sombrio passado de escolas segregacionistas seja transformado no radiante futuro de uma educação integrada de qualidade.

Não fiquemos satisfeitos até que a integração não seja vista como um problema, mas como uma oportunidade de participar da beleza da diversidade.

Não fiquemos satisfeitos até que, por mais escuros que sejam, homens e mulheres sejam julgados pelo conteúdo de seu caráter, e não pela cor de sua pele. Não fiquemos satisfeitos.

Não fiquemos satisfeitos até que todo capitólio estadual seja ocupado por um governador que atuará com justiça, que amará a misericórdia e que andará humildemente com o seu Deus.

Não fiquemos satisfeitos até que, em toda assembleia legislativa, a justiça corra como as águas, e a virtude seja uma corrente poderosa.

Não fiquemos satisfeitos (*Sim*) até o dia em que o leão e o cordeiro se deitem lado a lado, e cada homem se sente à sombra de sua parreira ou figueira, e ninguém mais tema.

Não fiquemos satisfeitos (*Sim*) até que os homens reconheçam que de um só sangue Deus fez todos os homens para viver sobre a face da Terra.

Não fiquemos satisfeitos até que um dia ninguém mais grite "poder branco!" e ninguém mais grite "poder negro!", mas que todos falem do poder de Deus e dos homens.

E devo confessar, meus amigos, que a estrada adiante não será suave. Haverá lugares pedregosos de frustração e sinuosos caminhos de perplexidade. Haverá inevitáveis reveses, aqui e ali. E haverá momentos em que a leveza da esperança se transformará na fadiga do desespero. Os nossos sonhos serão às vezes despedaçados e as nossas esperanças etéreas arruinadas. Ficaremos novamente, com os olhos marejados, diante do caixão de algum corajoso ativista dos direitos civis cuja vida será apagada por um ato covarde de uma multidão sanguinária. Mas aceitaremos a dificuldade e a dor como são; devemos caminhar em direção aos dias que virão com uma fé audaciosa no futuro. E, à medida que trilhamos o curso traçado, obteremos consolo nas palavras tão nobres deixadas por James Weldon Johnson,[46] o bardo negro que foi também, no passado, um grande defensor da liberdade:

Foi dura a estrada,
duro o castigo
Daqueles dias
sem remissão.

Mas nossos pés
tão fatigados
tocam a terra
sonhada então.

Pelo caminho
banhado em lágrimas,
de nossos mortos
o sangue vimos.

E a noite escura
se desvanece
nesta manhã
de terno brilho.

Que essa afirmação nos dê a coragem de encarar as incertezas do futuro, que dê a nossos pés fatigados a força para continuar o caminho em direção à cidade da liberdade. Quando nossos dias se tornarem sombrios com as nuvens ameaçadoras do desespero, e quando as nossas noites se tornarem mais escuras que milhares de noites, lembremo-nos que a força fecunda deste universo está trabalhando para derrubar as prodigiosas montanhas do mal; a força que é capaz de abrir um caminho onde não há caminho e transformar o passado sombrio num radiante futuro.

Temos que perceber que o arco do universo moral é longo, mas se inclina em direção à justiça. Saibamos que William Cullen Bryant[47] está correto: "A verdade, esmagada contra a terra, outra vez se erguerá." Saibamos que a Bíblia é verdadeira: "Não vos enganeis. De Deus não se zomba. O que o homem semeia, isso mesmo colherá." Essa é a nossa esperança para o futuro e, com essa fé, seremos capazes de cantar num futuro não muito distante, num cósmico pretérito perfeito: "Nós triunfamos! Nós triunfamos! No fundo do meu coração, acreditei que nós triunfaríamos".

*Proferido na Convenção Anual da Conferência da Liderança Cristã do Sul, em Atlanta, Geórgia, em 16 de agosto de 1967*

# Eu estive no topo da montanha

# Apresentação
*Andrew Young*

Nenhum outro discurso de Martin Luther King provocou tanta discussão e debate quanto a mensagem endereçada à população de Memphis, Tennessee, numa igreja pentecostal, às vésperas de seu assassinato. Sem recorrer a anotações e, aparentemente, sem qualquer premeditação, ele verteu sobre a platéia de 11 mil pessoas que se aglomerava no salão da igreja um intenso fluxo de consciência. Foi extraordinário, e a resposta das pessoas produziu aquilo que o teólogo alemão Rudolf Otto descreveu, no clássico *A ideia do sagrado*, como a poderosa transformação de uma situação mundana num momento transcendente, por meio do "*mysterium transmondum*". Deus fez-se presente.

No entanto, nenhum dos mais próximos colaboradores de Martin acreditava que naquele discurso houvesse algo de conclusivo. Ouvíramos Luther King referir-se às mesmas ideias em outras ocasiões – normalmente, devo acrescentar, quando as circunstâncias eram, de algum modo, perigosas. No entanto, todos os perigos foram superados e não havia razão para acreditar que não o seriam novamente. Memphis não parecia mais perigosa que a Filadélfia, ou que o Mississippi, em 1964, ou que Chicago, em 1967 – outros momentos em que Martin nos dissera que havia contemplado "a Terra Prometida".

Martin Luther King viveu os dez últimos anos de sua vida à sombra da cruz. Aos 29 anos, no Harlem, ele fora apunhalado com um estilete por uma mulher mentalmente desequilibrada. Ele frequentemente se referia ao fato de que a lâmina pressionara a aorta em seu coração e que, se ele simplesmente tivesse espirrado, a artéria teria se rompido e ele teria sangrado até a morte.

Certa vez, uma menina de dez anos lhe enviou uma bela mensagem: "Sou uma menina branca, mas dou graças a Deus que o senhor não tenha espirrado."

Martin muitas vezes discutia a experiência da proximidade com a morte para lembrar a seus seguidores que a morte era uma possibilidade constante. Em geral, fazia isso de modo brincalhão, concluindo que melhor era estar preparado. "Se você não descobriu por que está disposto a morrer, não merece viver", dizia.

Em ocasiões mais sérias, que eram raras, ele nos lembrava de que a cicatriz em forma de cruz que carregava no peito era uma sequela daquele atentado. "Toda manhã, quando escovo os dentes e lavo o rosto, esta cicatriz em forma de cruz no peito me lembra que qualquer dia pode ser o meu último nesta terra." Então ele sorria e dizia que tínhamos de estar certos de que valia a pena morrer por aquilo que fazíamos.

Aquele 3 de abril de 1968 foi um dia melancólico. Voltamos a Memphis simplesmente porque Martin desejara, depois que nossa marcha anterior – que começara pacificamente – fora dispersada por jovens desordeiros, pagos para provocar um confronto violento com a polícia. Estávamos acostumados a conviver com agitadores, tentativas de distorção e desinformação por parte das fontes do governo americano, mas aquela era apenas uma greve de lixeiros. O reconhecimento do sindicato e um salário que atingisse ao menos o nível de pobreza eram as reivindicações daquela paralisação. Quem em sã consciência se sentiria ameaçado por objetivos tão insignificantes naquele momento histórico?

Não sabíamos, no entanto, como o Congresso e a Casa Branca estavam profundamente amedrontados ao pensar em 3 mil manifestantes disciplinados, organizados e não violentos marchando sobre Washington para travar uma batalha pelos direitos dos miseráveis. Afinal de contas, o presidente Lyndon Johnson lançara uma Guerra contra a Pobreza apenas para que ela fosse tragada pela Guerra do Vietnã. A esperança de Martin era desobrigar o governo Johnson para que pudesse se voltar para os problemas domésticos, afinal nenhuma nação sobreviveria com pessoas vivendo isoladas "numa ilha de pobreza em meio a um vasto oceano de prosperidade material". Ele também alertou que as bombas jogadas sobre o Vietnã explodiriam em nosso quintal na forma de inflação e desemprego.

Os temores eram maiores do que imaginávamos. Martin deve ter pressentido esses temores, pois ele lutava contra um resfriado e temia uma gripe, algo que só acontecia quando estava sob grande pressão. Nunca ficava doente e raramente se medicava. Fisicamente, era forte como um touro. Mas, quando os demônios da dúvida e da ansiedade o dilaceravam, simulava uma doença e se internava para exames, a fim de descansar e refletir. (Ele se encontrava no St. Joseph's Infirmary de Atlanta em 1964, quando foi informado de que recebera o prêmio Nobel da Paz.)

Em 3 de abril de 1968, ele se sentia doente e falava em tirar uns dias para fazer alguns exames. Eu nunca o vira tão abatido. Decidiu não ir à igreja e pediu a Ralph Abernathy[48] para discursar e pedir desculpas em seu nome. Mas quando Ralph e eu chegamos e vimos a multidão que se aglomerava no Templo Mason, pedimos que Bernard Lee[49] voltasse ao hotel e convencesse a Martin que ao menos aparecesse diante do público. Ralph falaria e Martin faria algumas poucas considerações.

A introdução de Ralph Abernathy durou mais de meia hora. Ele lembrou Martin e a multidão da longa luta que travavam desde Montgomery em 1955. Era o velho Ralph – um pregador fraterno e amigo – cuja vibrante oratória instigou tanto as esperanças e o ânimo da multidão que Martin esqueceu a febre que o abatia, mergulhou em seu poço particular em busca de força espiritual e apresentou a sua última profecia.

Será que ele sabia? Ele sempre soube que haveria um último discurso.

Será que estava com medo? De jeito nenhum!

O dia seguinte foi um dos mais felizes de sua vida. Rodeado pelo seu irmão, por assessores e amigos íntimos do movimento, riu e brincou todo o dia até que, às seis horas, chegou a hora de ir a um jantar.

Enquanto esperava que Ralph se arrumasse, na sacada do hotel, e decidia se levaria ou não o seu casaco, ouviu-se um tiro.

Sua morte foi instantânea, pois a bala atingiu-lhe a espinha dorsal logo abaixo do queixo.

Só então o seu espírito começou a pairar acima dos oceanos e no interior do coração dos homens, em busca da liberdade para todos.

Eles mataram um sonhador de 39 anos, mas o sonho viverá por mais um milênio, quando homens e mulheres ainda aprenderão a resolver os seus problemas com a força da verdade, o poder do amor e a fé no Espírito que nos guiou a uma nova Terra Prometida, "onde o ímpio se afastará do mal e o fatigado repousará".

*Andrew Young* trabalhou ao lado de Luther King na Conferência da Liderança Cristã do Sul (*Southern Christian Leadership Conference* – SCLC, na sigla em inglês) em esforços tais como a educação para a cidadania e o registro eleitoral. Eleito para o Congresso Nacional em 1973, Young foi o primeiro deputado negro representante da Geórgia desde o fim da Guerra Civil (1861-65). Após servir como embaixador nas Nações Unidas, foi duas vezes prefeito de Atlanta. Foi agraciado com a Medalha Presidencial da Liberdade, a mais importante comenda que pode ser concedida a um civil nos Estados Unidos. Presidiu o Good Works International, LLC.

*Muito obrigado, meus amigos. Enquanto* ouvia a eloquente e generosa introdução de Ralph Abernathy e pensava em mim mesmo, fiquei imaginando de quem ele falava. É sempre bom ter o seu mais íntimo amigo e colaborador para falar algo de bom a seu respeito. E Ralph é o melhor amigo que tenho no mundo.

Estou encantado de vê-los todos aqui nesta noite, apesar do alerta de tempestade. Isso revela a sua determinação para prosseguir, sob quaisquer circunstâncias. Algo está acontecendo em Memphis, algo está acontecendo no mundo. Sabem de uma coisa? Se eu estivesse presente no princípio do mundo e pudesse ter uma visão panorâmica de todos os tempos até os nossos dias, e o Todo-Poderoso me perguntasse: "Martin Luther King, em que época você gostaria de viver?", eu faria mentalmente uma viagem ao Egito, e talvez prosseguisse pelo mar Vermelho e pelo deserto em direção à Terra Prometida. E, apesar de sua magnitude, eu não ficaria ali.

Eu seguiria até a Grécia e dirigiria o meu pensamento ao monte Olimpo. Encontraria Platão, Aristóteles, Sócrates, Eurípides e Aristófanes reunidos em torno do Partenon, a discutir os grandes e eternos temas da realidade. Mas eu não ficaria ali.

Eu seguiria adiante, até o apogeu do Império Romano e veria as conquistas de tantos imperadores e líderes. Mas eu não ficaria ali.

Eu chegaria aos dias da Renascença e traçaria um rápido panorama de tudo o que ela fez pela vida cultural e artística do homem. Mas não ficaria ali (*Sim*).

Eu seguiria até a época em que viveu o homem em cuja homenagem me deram este nome e veria Martin Lutero fixar as suas 95 teses na porta da igreja em Wittenberg. Mas eu não ficaria ali.

Eu seguiria até o ano de 1863 e assistiria a um vacilante presidente de nome Abraham Lincoln finalmente chegar à conclusão de que tinha de assinar a Proclamação da Emancipação. Mas eu não ficaria ali.

Eu iria ainda mais longe, ao começo dos anos 1930, e veria um homem[50] combater a falência de sua nação. E ouviria um eloquente clamor de que "nada há a temer, senão o próprio medo". Mas eu não ficaria ali.

Por estranho que pareça, eu me voltaria ao Todo-Poderoso e diria: "Se o Senhor me permitir viver apenas alguns poucos anos na segunda metade do século XX, ficarei feliz."

Que estranho pedido a se fazer, afinal o mundo está uma grande bagunça. A nação está doente, há problemas e confusão por toda parte. Que estranho pedido. Mas de algum modo sei que somente quando está suficientemente escuro podem-se ver as estrelas. E vejo Deus agindo neste momento do século XX de tal forma que os homens reagem de um modo estranho – algo está acontecendo. As massas estão se levantando. E onde quer que se reúnam hoje, em Johannesburgo, África do Sul; Nairóbi, Quênia; Acra, Gana; Nova York; Atlanta, Geórgia; Jackson, Mississippi; ou Memphis, Tennessee – o clamor é sempre o mesmo: "Queremos ser livres."

Mas tenho outra razão para ficar feliz por viver nesta época. Forçaram-nos a tal ponto que, hoje, temos de enfrentar os mesmos problemas que os homens enfrentaram ao longo de toda a história. Mas as circunstâncias não os forçavam a isso como hoje nos forçam, pois desse enfrentamento depende nossa sobrevivência. A humanidade, há muitos anos, tem falado de guerra e de paz. Só que agora não podemos simplesmente falar. Não é mais uma escolha entre violência e não violência, mas entre não violência e inexistência. Eis onde nos encontramos hoje.

E, no que diz respeito à revolução dos direitos humanos, se algo não for feito com urgência para tirar os povos de cor de todo o mundo de seus longos anos de pobreza, longos anos de dor e negligência, todo o mundo estará condenado. Por isso, estou muito feliz que Deus tenha permitido que eu viva nesta época, para testemunhar esses acontecimentos. Estou feliz que Ele tenha me permitido estar em Memphis.

Lembro-me, lembro-me de quando os negros apenas vagavam por aí, como Ralph costuma dizer, arrumando sarna para se coçar e motivos para rir à toa. Mas esse dia chegou ao fim. Agora, o negócio é sério, e estamos determinados a conquistar o lugar a que temos direito no mundo de Deus. E tudo está relacionado a isso. Não nos engajamos em nenhum protesto negativo nem nos envolvemos em discussões negativas. Dizemos que estamos determinados a ser homens. Estamos determinados a ser um povo. Dizemos, dizemos que somos filhos de Deus e que, se somos filhos de Deus, não precisamos viver como nos forçam a viver.

Mas o que tudo isso quer dizer neste grande período da história? Diz-nos que precisamos permanecer unidos. Precisamos permanecer unidos e manter a unidade. Vocês sabem, sempre que o faraó desejava prolongar o período de escravidão no Egito, ele usava a sua fórmula favorita. Qual era? Ele mantinha os escravos em luta entre si. Mas sempre que os escravos se uniam, algo acontecia na corte do faraó e ele não podia manter os escravos no cativeiro. A união dos escravos foi o primeiro passo para a saída do cativeiro. Hoje, fiquemos unidos.

Em segundo lugar, as questões devem ser mantidas em seus devidos lugares, e a questão agora é a injustiça. A questão é a recusa de Memphis em ser uma cidade justa e honesta ao lidar com os servidores da limpeza pública. Agora, fiquemos atentos. Sempre há o problema da violência. Vocês sabem o que aconteceu outro dia, e a imprensa noticiou apenas o quebra-quebra. Li os artigos, que praticamente não mencionaram o fato de que 1.300 trabalhadores da limpeza pública estão em greve, que Memphis não está sendo justa com eles e que o prefeito Loeb precisa urgentemente de um médico. Eles nem sequer mencionaram isso.

Agora marcharemos novamente e devemos marchar novamente a fim de pôr essa questão em seu devido lugar. Faremos com que todos vejam que há aqui 1.300 filhos de Deus que sofrem, atravessando noites escuras e sombrias, pensando como tudo isso vai acabar. Eis a questão. E precisamos dizer à nação: sabemos como isso vai terminar. Pois, quando as pessoas desejam se sacrificar por aquilo que é justo, elas só se contentarão com a vitória.

Não permitiremos que nenhum cassetete nos impeça. Em nosso movimento de não violência, somos mestres em desarmar forças policiais; já os vi frequentemente sem ação. Lembro de Birmingham, Alabama, quando estávamos naquela luta fabulosa e saíamos às centenas da igreja batista da rua 16, dia após dia. E Bull Connor[51] soltava sobre nós os seus cachorros, que não se aproximavam. Seguíamos cantando diante dos cachorros: "Ninguém me fará recuar." Bull Connor dizia então: "Usem os jatos d'água." E, como lhes disse outra noite, Bull Connor não conhecia história. Ele conhecia uma física que de algum modo não se harmonizava com a metafísica que conhecíamos. Pois havia um fogo que nenhuma água poderia apagar. E parávamos diante dos jatos poderosos, pois conhecíamos a água. Se fôssemos batistas, diríamos que fomos imersos. Se fôssemos metodistas, diríamos que fomos aspergidos – mas conhecíamos a água. Ela não nos deteria.

Seguíamos diante dos cachorros e diante dos jatos d'água, seguíamos cantando "Repousa sobre mim a liberdade". E então nos jogavam em camburões e às vezes nos amontoavam como sardinhas na lata. Jogavam-nos ali dentro, e o velho Bull dizia: "Levem todos daqui", e eles levavam; e seguíamos no camburão cantando "Nós triunfaremos". De vez em quando, éramos presos e víamos os carcereiros olhando pelas janelas e se comovendo com nossas preces, se comovendo com as nossas palavras e as nossas canções. E havia ali um poder que Bull Connor não podia liquidar; e, assim, terminamos por transformar o "touro"[52] num novilho e vencemos nossa luta em Birmingham.

Agora, do mesmo modo, devemos seguir para Memphis. Clamo pela sua presença ao nosso lado na segunda-feira. Agora no que diz respeito aos mandados: há um circulando e iremos ao tribunal amanhã de manhã, para lutar contra essa decisão injusta e inconstitucional. Tudo o que pedimos à

América é: "Seja fiel ao que você colocou no papel." Se eu vivesse na China ou mesmo na Rússia, ou em qualquer país totalitário, talvez pudesse entender algumas dessas imposições ilegais. Talvez eu pudesse entender a recusa a certos privilégios básicos da Primeira Emenda, uma vez que lá eles não se comprometeram com isso. Mas, em algum lugar, li sobre a liberdade de reunião e associação. Em algum lugar, li sobre a liberdade de expressão. Em algum lugar, li sobre a liberdade de imprensa. Em algum lugar (*Sim*), li que a grandeza da América é o direito de protestar por direitos. E, como disse há pouco, nenhum cachorro ou jato d'água nos fará recuar, nenhuma lei nos fará recuar. Nós prosseguiremos e precisamos de todos vocês.

E vocês sabem como é bonito ver todos esses ministros do Evangelho. É um quadro maravilhoso. Quem mais é capaz de articular todos os anseios e as aspirações do povo senão um pastor? De algum modo, o pastor deve guardar um fogo em seus ossos e, sempre que a injustiça se revelar, ele deve se manifestar. Tal qual Amós, o pastor deve dizer: "Quando Deus fala, quem não profetizará?" E, novamente como Amós, o pastor deve dizer: "Que a justiça corra como as águas, e seja a virtude uma corrente poderosa." Como Jesus, o pastor deve dizer: "O espírito do Senhor repousa sobre mim, pois Ele me enviou, Ele me enviou para levar a boa-nova aos humildes."

E desejo louvar os pregadores sob a liderança destes nobres homens: James Lawson, que participa desta batalha há tantos anos; ele foi preso pela sua luta, ele foi expulso da Universidade Vanderbilt pela sua luta, mas ele não desiste de lutar pelos direitos de seu povo. Reverendo Ralph Jackson, Billy Kiles; eu poderia prosseguir com esta lista, porém o nosso tempo é curto. Mas desejo agradecer a todos. E desejo que vocês também agradeçam, porque muito frequentemente os pastores não se preocupam com mais nada a não ser consigo mesmos. E fico contente em ver um ministro valoroso. É justo falar sobre longos mantos brancos em algum lugar, com todo o seu simbolismo; mas, em última instância, as pessoas daqui querem alguns ternos, vestidos e sapatos. Tudo bem se falarmos sobre ruas cobertas de leite e mel, mas Deus nos ordenou para nos preocuparmos com os miseráveis e seus filhos, que não podem comer três refeições por dia. Tudo bem se falarmos sobre a nova Jerusalém, mas um dia os pregadores de Deus terão de falar sobre a nova York, sobre a nova Atlanta, sobre a nova Filadélfia, sobre a nova Los Angeles, sobre a nova Memphis, no Tennessee. Eis o que precisamos fazer.

Há algo mais que precisamos fazer: sempre ancorar a nossa ação exterior no poder da retração econômica. Somos um povo pobre; individualmente, somos pobres quando nos comparamos com a sociedade branca da América. Somos pobres. Mas nunca se esqueçam que coletivamente, ou seja, todos nós juntos, coletivamente somos mais ricos que todas as nações do mundo, com a exceção de nove. Vocês já pensaram nisso? Fora os Estados Unidos, a União Soviética, a Grã-Bretanha, a Alemanha Ocidental, a França, e poderia mencionar alguns outros, o negro, coletivamente, é mais rico que a maioria das nações do mundo. Temos uma renda anual superior a 30 bilhões de dólares, que é maior do que toda a exportação dos Estados Unidos e maior do que o orçamento anual do Canadá. Vocês sabiam disso? Esse é o poder que temos, se soubermos utilizá-lo (*Sim*).

Não precisamos discutir com ninguém. Não precisamos praguejar e sair por aí agredindo as pessoas com as nossas palavras. Não precisamos de pedras nem garrafas, não precisamos de coquetéis-molotov (*Sim*). Precisamos simplesmente circular por essas lojas e pelas grandes indústrias de nosso país e dizer: "Deus nos enviou aqui para lhes dizer que vocês não tratam bem os Seus filhos. E viemos aqui lhes pedir que o primeiro item de sua agenda seja o tratamento justo dos filhos de Deus. Mas, se vocês não estiverem preparados para isso, temos uma agenda a seguir. E nossa agenda exige que retiremos o apoio econômico que lhes damos".

E assim, como consequência, pedimos-lhes nesta noite que saiam e digam a seus vizinhos para não comprar Coca-Cola em Memphis. Passem por suas casas e digam para não comprar leite Sealtest. Digam-lhes para não comprar – como é mesmo o nome do pão? – Wonder Bread. E como é o nome daquela outra fábrica de pão, Jesse? Digam-lhes para não comprar o pão Hart. Como Jesse Jackson disse, até agora, apenas os lixeiros sentiram a dor; agora de certo modo devemos retribuir essa dor. Escolhemos essas empresas porque elas não têm sido justas em suas políticas de contratação e as escolhemos porque elas podem iniciar o processo de apoio às reivindicações e aos direitos desses trabalhadores em greve. E podem ir ao centro da cidade dizer ao prefeito Loeb para fazer o que é certo.

Mas não é só isso. Precisamos ir além e fortalecer as instituições negras. Clamo a vocês que saquem o seu dinheiro dos bancos do centro da cidade e o depositem no Tri-State Bank. Desejamos um movimento "*bank-in*"[53] em Memphis. Por isso, passem pelas instituições financeiras. Não lhes peço nada que nós da SCLC já não façamos. O juiz Hooks e outros lhes dirão que temos uma conta aqui numa instituição financeira em nome da Conferência da Liderança Cristã do Sul. Apenas lhes pedimos que façam o mesmo. Depositem o seu dinheiro aqui. Vocês dispõem de seis ou sete companhias de seguro negras em Memphis. Queremos um "*insurance-in*".[54] Eis algumas medidas práticas que podemos tomar. Podemos começar um processo de construção de uma grande base econômica e, ao mesmo tempo, colocar o dedo na verdadeira ferida. Peço-lhes que trilhem esse caminho.

Permitam-me dizer, agora que me aproximo da conclusão, que devemos lutar até o fim. Nada poderia ser mais trágico do que pararmos a esta altura, em Memphis. Precisamos seguir até o fim. E, durante a nossa marcha, vocês precisam estar lá. Se necessário, faltem ao trabalho; se necessário, faltem à escola; mas estejam lá. Preocupem-se com o seu irmão. Vocês podem não estar em greve (*Sim*), mas venceremos todos juntos ou juntos seremos todos derrotados. Precisamos desenvolver um tipo perigoso de altruísmo.

Um dia um homem veio a Jesus, desejoso de questioná-lo sobre alguns temas vitais. Na verdade, ele queria enganar Jesus, mostrar que conhecia um pouco mais que Jesus e, assim, tirá-lo do páreo. O questionamento poderia facilmente descambar para um debate filosófico-teológico, mas Jesus logo o tirou do plano abstrato e colocou-o numa perigosa curva entre Jerusalém e Jericó. E falou sobre um certo homem que caiu nas mãos de ladrões. Vocês recordam que um levita[55] e um sacerdote passaram ao largo, mas não pararam para ajudá-lo. E finalmente um homem de outra raça apareceu. Desmontou de seu animal, decidido a não ser compassivo por procuração. Ajoelhou-se ao seu lado e, prestando-lhe os primeiros socorros, assistiu o necessitado. Jesus finalizou dizendo: esse foi um homem digno, pois teve a capacidade de projetar o seu "eu" no "outro" e de se preocupar com o seu irmão.

Vocês sabem como, em grande medida, usamos a nossa imaginação para tentar determinar por que o sacerdote e o levita não pararam. Às vezes dizemos que eles estavam ocupados demais com compromissos no templo – um encontro eclesiástico – e tinham que ir a Jerusalém a fim de não se atrasarem para o encontro. Outras vezes especulamos que havia uma lei religiosa que determinava que quem estivesse envolvido em cerimônias religiosas não deveria tocar o corpo de um homem 24 horas antes da cerimônia. E de vez em quando começamos a imaginar se talvez eles não seguissem a Jerusalém, ou a Jericó, a fim de organizar uma Associação para o Progresso da Estrada de Jericó. É uma possibilidade. Talvez acreditassem ser preferível atacar o problema pela raiz a se deter num esforço individual.

Mas agora lhes contarei o que diz a minha imaginação. É possível que esses homens tivessem medo. Vejam, a estrada de Jericó é uma estrada perigosa. Lembro-me bem da primeira vez em que minha esposa e eu estivemos em Jerusalém. Alugamos um carro e seguimos de Jerusalém a Jericó. E assim que tomamos a estrada, eu disse para minha esposa: "Entendo por que Jesus usou este cenário em sua parábola." É uma estrada sinuosa e tortuosa. É de fato muito apropriada para uma emboscada. Sai-se de Jerusalém, a cerca de 400 metros acima do nível do mar. E ao chegar a Jericó, quinze ou vinte minutos depois, está-se a 600 metros abaixo do nível do mar. É uma estrada perigosa. No tempo de Jesus era conhecida como a "passagem sangrenta". E vocês sabem, é possível que o sacerdote e o levita tenham visto o homem caído e pensado se os ladrões ainda não estariam por perto. Ou é possível que tenham pensado que o homem caído estivesse apenas fingindo e agia como se tivesse sido roubado e ferido, a fim de atraí-los para ali e rapidamente dominá-los. Assim a primeira pergunta que o levita se fez foi: "Se eu parar para ajudar esse homem, o que me acontecerá?"

Mas o Bom Samaritano apareceu e ele inverteu a pergunta: "Se eu não parar para ajudar esse homem, o que acontecerá a ele?" Esta é a pergunta que lhes faço esta noite. Não se perguntem: "Se eu parar para ajudar os trabalhadores da limpeza pública, o que acontecerá com o meu emprego?" Não se perguntem: "Se eu parar para ajudar os trabalhadores da limpeza pública, o que acontecerá com as horas de todas as manhãs e de todas as semanas que costumo passar em meu escritório no meu ofício de pastor?" A pergunta não é: "Se eu parar para ajudar esse pobre homem, o que me acontecerá?" A verdadeira pergunta é: "Se eu *não* parar para ajudar os lixeiros, o que acontecerá a eles?"

Levantemo-nos nesta noite com presteza. Fiquemos de pé com determinação. E sigamos nestes dias poderosos, nestes dias desafiadores, a fim de transformar a América naquilo que tem de ser. Temos a oportunidade de tornar a América um país melhor.

E agradeço a Deus, mais uma vez, por me permitir estar aqui com vocês. Vocês sabem que há alguns anos eu estava na cidade de Nova York, autografando o primeiro livro que escrevi. E, enquanto autografava, apareceu uma mulher negra com problemas mentais. A única pergunta que ela me fez foi: "O senhor é Martin Luther King?" Enquanto escrevia, de cabeça baixa, eu disse que sim.

No minuto seguinte, senti algo atingir o meu peito. Antes que eu pudesse perceber, havia sido esfaqueado por essa mulher desequilibrada. Fui levado às pressas para o Hospital Harlem. Era uma escura tarde de sábado. A lâmina penetrara fundo, e a radiografia revelara que a sua extremidade quase tocara a aorta, a artéria principal. Se a lâmina a perfurasse, eu me afogaria em meu próprio sangue; seria o meu fim. Na manhã seguinte, deu no *New York Times* que, se eu tivesse espirrado, teria morrido.

Bom, cerca de quatro dias depois, permitiram-me, depois da operação, depois que meu peito fora aberto e a lâmina fora retirada, circular pelo hospital em uma cadeira de rodas. Permitiram-me ler um pouco da correspondência enviada para mim. De todos os estados e de todo o mundo chegavam cartas gentis. Li algumas, mas uma jamais esquecerei. Recebi uma do presidente e do vice-presidente, mas esqueci o que esses telegramas diziam. Recebi uma visita e uma carta do governador de Nova York, mas também esqueci o que dizia.

Mas houve uma carta, enviada por uma menina, uma menina de dez anos que estudava em White Plains High School. Li essa carta e jamais a esquecerei. Ela simplesmente dizia: "Querido dr. King: sou aluna da White Plains High School. Embora não devesse importar, queria mencionar que sou uma menina branca. Li no jornal sobre o seu infortúnio e o seu sofrimento. E li que, se o senhor tivesse espirrado, teria morrido. Escrevo simplesmente para lhe dizer que estou muito feliz que o senhor não tenha espirrado."

E quero dizer nesta noite, quero dizer que estou feliz que eu não tenha espirrado. Pois, se eu tivesse espirrado, não estaria aqui em 1960, quando os estudantes de todo o Sul começaram os *sit-ins*[56] nos balcões das lanchonetes. E sei que quando eles se sentavam, eles na realidade se punham de pé, em nome do que há de melhor no sonho americano, e levavam toda a nação de volta aos grandes poços da democracia que foram escavados profundamente pelos Pais Fundadores na Declaração da Independência e na Constituição.

Se eu tivesse espirrado, não estaria aqui em 1961, quando decidimos viajar pela liberdade e pôr fim à segregação nos transportes interestaduais.

Se eu tivesse espirrado, não estaria aqui em 1962, quando os negros de Albany, Geórgia, decidiram levantar a cabeça. E, sempre que homens e mulheres ficam de pé, eles vão a algum lugar, pois ninguém poderá montar-lhes as costas a menos que se curvem.

Se eu tivesse espirrado, não estaria aqui em 1963, quando a população negra de Birmingham, Alabama, despertou a consciência desta nação e trouxe à luz a Lei dos Direitos Civis.

Se eu tivesse espirrado, não teria tido a chance de, em agosto do ano seguinte, tentar contar à América um sonho que eu tivera.

Se eu tivesse espirrado, não teria testemunhado o grandioso movimento de Selma, Alabama.

Se eu tivesse espirrado, não teria vindo a Memphis para ver a comunidade se mobilizar em nome de seus irmãos e irmãs que sofrem. Estou muito feliz de não ter espirrado.

E eles me diziam: agora não tem importância. Realmente agora não tem importância. Deixei Atlanta esta manhã, e, quando embarcamos no avião, o piloto disse no sistema de som: "Lamentamos o atraso, mas temos o senhor Martin Luther King a bordo. E para ter certeza de que todas as malas fossem revistadas e para ter certeza de que nada sairia errado, checamos tudo com cuidado. E o avião esteve sob proteção policial toda a noite."

Então cheguei a Memphis e começaram a me falar das ameaças ou comentar as ameaças que vieram à tona. O que poderiam me fazer alguns de nossos doentes irmãos brancos?

Bem, não sei o que acontecerá agora. Dias difíceis virão (*Amém*). Mas não me importo. Pois eu estive no topo da montanha (*Sim*). E não me importo. Como qualquer pessoa, gostaria de viver uma vida longa. A longevidade tem o seu lugar. Mas não me preocupo com isso agora. Apenas desejo obedecer aos desígnios de Deus (*Sim*). E Ele me levou ao topo da montanha, olhei ao redor e contemplei a Terra Prometida. Posso não alcançá-la, mas quero que saibam, que nós, como povo, chegaremos à Terra Prometida. Estou tão feliz; não me preocupo com nada; não temo homem algum. Meus olhos viram a glória da presença do Senhor.

*Proferido no templo Bispo Charles Mason, em Memphis, Tennessee, em 3 de abril de 1968*

# Agradecimentos

Esta antologia é resultado do esforço contínuo do Projeto de Documentação Luther King para divulgar informações sobre a vida e as ideias de Martin Luther King. A principal missão do projeto é produzir a obra *The Papers of Martin Luther King Jr.*, uma edição autorizada, em 14 volumes, de seus textos mais significativos: correspondências, sermões, discursos, textos publicados e manuscritos inéditos. O Centro de Mudança Social pela Não Violência Martin Luther King iniciou esta extensa pesquisa documental e empreendimento editorial, que é conduzido em parceria com o espólio de Luther King, a Universidade Stanford e a University of California Press. Entre os principais patrocinadores desse projeto se incluem o National Endowment for the Humanities, The National Historical Publications and Records Commission, Lilly Endowment e Woodside Summit Group.

Selecionar e editar esses grandes discursos exigiu a cooperação de várias pessoas. Os editores desejam expressar a sua especial gratidão a Coretta Scott King – fundadora do Centro King –, por reunir as introduções dos textos selecionados, e a Dexter Scott King, pelo inabalável esforço do Projeto King para produzir trabalhos que iluminem esses documentos. A coordenadora do Centro King, Tricia Harris, e a bibliotecária Cynthia Lewis facilitaram os esforços de aquisição de gravações, da mesma forma que Maja Thomas, da divisão de audiolivros da Time Warner. Outros funcionários da Time Warner que contribuíram foram Jody Handley e Bob Castillo.

Os membros da equipe do Projeto de Documentação King desempenharam um importante papel na preparação dos originais deste livro. Embora seja voltado para leitores em geral, mais do que para especialistas, as transcrições foram feitas de acordo com os mesmos padrões de exigência que são evidentes em outros trabalhos do projeto. A assistente de pesquisa Erin Wood esteve intensamente envolvida em todas as etapas de produção dos originais, aplicando as suas habilidades excepcionais e dedicação à difícil tarefa de produzir uma transcrição acurada a partir de gravações muitas vezes fragmentárias e frágeis. A editora-executiva Susan Carson supervisionou a aquisição das gravações em que se baseou esta antologia. Outros membros da equipe que desempenharam papéis menores, mas igualmente importantes, na produção deste livro foram: os editores-assistentes Adrienne Clay e Kerry Taylor; as assistentes de pesquisa Tenisha Armstrong e Lauren Araiza; a coordenadora do projeto, Jane Abbott; a secretária Regina Convignton e a assistente da diretoria Vicki Brooks. Por fim, desejamos agradecer aos estagiários do programa de pesquisa King do verão de 2000, incluindo Misha Charles, Elizabeth Crocker, Adrienne Denson, Joshua Dougherty, Reygan Harmon, Kris Hoeppner e Jen Sahrle.

# NOTAS

1 Divine, Robert et al., *America Past and Present*. Longman, Nova York, 1998, p. 942.

2 Fragmento da Declaração de Independência dos Estados Unidos.

3 Ralph Abernathy (1926-90): pastor negro de Montgomery, Alabama, Ralph esteve ao lado de Martin Luther King desde o boicote aos ônibus da cidade, após a prisão de Rosa Louise Parks, em dezembro de 1955.

4 Paul Johannes Tillich (1886-1965): teólogo germano-americano e filósofo existencialista cristão. Um dos mais influentes teólogos do protestantismo recente.

5 Ralph Johnson Bunche (1904-71): cientista político e diplomata americano, recebeu o prêmio Nobel da Paz de 1950, pelos seus esforços na mediação do conflito palestino-israelense. Foi o primeiro negro e o primeiro não europeu na história a receber o prêmio.

6 Adam Clayton Powell Jr. (1908-72): político americano, o primeiro negro a ganhar expressão no Congresso Nacional dos EUA. Eleito pelo Harlem, em 1945, foi presidente do Comitê do Trabalho e da Educação, em 1961, na administração JFK.

7 Mordecai Wyatt Johnson (1890-1976): educador americano, foi o primeiro reitor negro da Universidade Harvard, cargo que ocupou de 1926 a 1959.

8 Horace Mann Bond (1904-72): educador americano, foi o primeiro reitor negro da Universidade Lincoln (1945-57), na Pensilvânia.

9 A. Philip Randolph (1889-1979): proeminente socialista americano negro, participou de vários movimentos por direitos civis nos EUA.

10 Do original: *negro spiritual*.

11 O "Manifesto Sulista" foi assinado em março de 1956 por 19 senadores e 81 representantes do Sul, incluindo toda a delegação da Geórgia. O texto protesta contra a decisão da justiça americana de tornar ilegal a segregação racial nas escolas da região.

12 Do original: *Dixiecrats, Dixie*; próprio do Sul.

13 Thomas Carlyle (1775-1881): crítico e historiador inglês.

14 William Cullen Bryant (1794-1878): poeta e jornalista americano.

15 James Russell Lowell (1819-91): poeta romântico americano, crítico, escritor, diplomata e abolicionista.

16 Jornadas pela Liberdade: durante a primavera de 1961, estudantes ativistas lançaram as "Jornadas pela Liberdade", para protestar contra a segregação nos terminais de ônibus e nos ônibus interestaduais. Saindo de Washington, D.C. até Montgomery, no Alabama, as Jornadas pela Liberdade encontraram forte oposição no Sul, chamando a atenção da mídia e forçando uma intervenção federal da administração Kennedy na questão.

17 Do original *sit-in movement*: movimento originado por quatro jovens em Greensboro, na Carolina do Norte, que se sentaram em áreas reservadas a brancos em um restaurante segregacionista e se recusaram a levantar enquanto não fossem servidos.

18 Medgar Evers (1925-63): ativista negro por direitos civis no Mississipi. Lutou em especial contra a segregação no sistema educacional do estado e foi assassinado em 12 de junho de 1963. O cantor e compositor americano Bob Dylan escreveu a música "Only a Pawn in their Game" em sua homenagem.

19 Emmett Till (1941-55): ver "Apresentação à edição brasileira".

20 Theophilus Eugene "Bull" [touro] Connor (1897-1973): político do Alabama, foi eleito para o Congresso do estado em 1934 e assumiu a chefia da Comissão de Segurança Pública de Birmingham, em 1937. Connor serviu por quatro mandatos consecutivos no último cargo e ainda foi reeleito em 1957 e 1961. Na posição, se tornou conhecido como um porta-voz influente da visão segregacionista e pelos métodos violentos de repressão às manifestações por direitos civis no estado.

21 Stokely Carmichael, também conhecido como Kwame Ture (1941-98): ativista e escritor negro, participou de vários movimentos por direitos civis nos Estados Unidos, nos anos 1960. Foi um dos fundadores do partido Panteras Negras, do qual foi primeiro-ministro entre 1968 e 1969.

22 Ver nota 17.

23 Este discurso foi proferido no funeral de três das crianças – Addie Mae Collins, Carol Denise McNair e Cynthia Diane Wesley – mortas no atentado a bomba. Para a quarta vítima – Carole Robertson –, foi realizado um outro funeral.

24 Este parágrafo introdutório não se encontra na mais conhecida gravação deste discurso, que foi editado para transmissão radiofônica, mas se encontra

preservado numa cópia no Centro para Transformação Social Não Violenta Martin Luther King Jr., em Atlanta, Geórgia.

25 Dixiecratas: ver nota 12.

26 Os dois últimos parágrafos, assim como as considerações iniciais, encontram-se preservados numa cópia impressa, mas não na gravação existente.

27 Chefe Albert John Lutuli (1898-1967): político ativista sul-africano, foi presidente do Congresso Nacional Africano (CNA) entre 1952 e a data de sua morte. Recebeu o prêmio Nobel da Paz em 1961.

28 Ver nota 17.

29 Ralph Abernathy: ver nota 3.

30 Jim Crow: acredita-se que o termo "Jim Crow"tem origem por volta de 1830, quando o artista branco Thomas "Daddy" Rice criou o personagem. Rice atuava com o rosto maquiado de preto (com pasta de carvão ou com rolha queimada) e dançava de modo a ridicularizar a ginga negra do Sul, ao mesmo tempo em que cantava a música "Jump Jim Crow". Por volta dos 1850, o personagem "Jim Crow" já era conhecido pelo público americano e durante a Guerra Civil foi utilizado como estereótipo de uma imagem de inferioridade do negro. No fim do século XIX, atos de discriminação contra os negros eram muitas vezes chamados de "Jim Crow Laws" (Leis de Jim Crow).

31 Medgar Evers: ver nota 18.

32 Michael Schwerner, James Chaney e Andrew Goodman, ativistas do movimento por direitos civis, foram assassinados quando deixavam o Mississipi em 21 de junho de 1964. Os corpos só foram encontrados 44 dias depois e o fato virou filme, *Mississippi em chamas*, dirigido por Alan Parker. Em 2005, 41 anos depois do crime, Edgar Ray Killen, 80 anos, o homem da Ku Klux Klan que liderou o assassinato, foi condenado pela justiça americana até 60 anos de prisão.

33 William Lewis Moore (1927-63): carteiro de Baltimore e ativista do movimento por direitos civis, foi assassinado em 23 de abril de 1963, em Attalla, no Alabama, durante uma marcha solitária contra a segregação. Ele tentava entregar uma carta ao governador do Mississippi apelando pelo fim da intolerância.

34 James Reeb (1927-65): pastor branco de Boston, passou a fazer parte das marchas do movimento por direitos civis em Selma, no Alabama, depois que as tropas estaduais atacaram os manifestantes na ponte Edmund Pettus. Ele foi espancado até a morte por um homem branco enquanto caminhava pelas ruas da cidade.

35 Jimmy Lee Jackson (1938-65): ativista, foi morto em Marion, no Alabama, espancado e com um tiro, quando tentava proteger os avós de um ataque de tropas estaduais contra manifestantes do movimento por direitos civis. A sua morte levou à marcha de Selma a Montgomery.

36 As meninas negras Addie Mae Collins, Carol Denise McNair, Cynthia Diane Wesley e Carole Robertson morreram num atentado a bomba organizado pela Ku Klux Klan a uma igreja batista em Birmingham, no Alabama, em 15 de setembro de 1963.

37 A Conferência de Genebra foi realizada entre 26 de abril e 21 de julho de 1954 para cessar com as hostilidades na Indochina francesa e no Vietnã. Produziu uma série de tratados que ficaram mais conhecidos como "Os acordos de Genebra".

38 A "oposição consciente" ou "objeção consciente" é um direito que todo cidadão americano tem de alegar motivos morais ou religiosos para não participar de guerras com o envolvimento dos EUA. Foi uma prática muito comum durante a Guerra do Vietnã e houve alguns casos na mais recente guerra no Iraque. (Sobre isso, ver: Ituassu, Arthur. "Canadá, refúgio da guerra", in *Jornal do Brasil*, 5 de dezembro de 2004, p.A12.)

39 Arnold Toynbee (1852-83): historiador e economista britânico, ficou famoso pelo seu comprometimento com as causas sociais e trabalhistas na Grã-Bretanha.

40 Omar Khayyam (1048-1123): poeta, matemático e astrônomo iraniano.

41 James Russell Lowell: ver nota 15.

42 Walter Phillip Reuther (1907-70): sindicalista americano.

43 UAW – United Auto Workers: uma das maiores uniões sindicais dos EUA, tem aproximadamente 700 mil membros nos Estados Unidos, no Canadá e em Porto Rico e engloba 950 associações.

44 Henry George (1839-97): economista político americano autor de *Progresso e pobreza*, escrito em 1879.

45 John Kenneth Galbraith (1908-2006): canadense-americano, um dos economistas mais lidos do século XX.

46 James Weldon Johnson (1871-1938): escritor, poeta e ativista americano negro do movimento por direitos humanos.

47 Ver nota 14.

48 Ralph Abernathy: ver nota 3.

49 Bernard Lee: veterano do movimento por direitos civis e companheiro constante de Martin Luther King.

50 Franklin Delano Roosevelt, presidente dos EUA entre 1933 e 1945.

51 Bull Connor: ver nota 20.

52 No original: "Bull".

53 Em relação ao movimento *sit-in* nos ônibus. Ver nota 17.

54 Ver nota anterior.

55 Levita: membro da tribo hebraica sacerdotal de Levi; dedicado ao serviço do templo, com atribuições acessórias ao culto, menos importantes do que as que cabiam aos sacerdotes levíticos da família de Aarão (os únicos a ter acesso ao altar).

56 Ver nota 17.

ESTA OBRA FOI COMPOSTA EM ADOBE CASLON E BEMBO
E IMPRESSA EM PROCESSO SOB DEMANDA PELA UM LIVRO SOBRE
PAPEL OFFSET PARA A EDITORA SCHWARCZ A PARTIR DE 2025

FSC
www.fsc.org
MISTO
Apoiando o manejo florestal responsável
FSC® C128038

A marca FSC® é a garantia de que a madeira utilizada na fabricação do papel deste livro provém de florestas que foram gerenciadas de maneira ambientalmente correta, socialmente justa e economicamente viável, além de outras fontes de origem controlada.